家賃収入 1億円になるノウハウ満載!!

村田式
ロケット戦略

最強!「事例集」

『不動産投資で経済的自由を手にする会』
代表
村田幸紀

風文堂出版

はじめに

不動産投資で
経済的自由を手にする会
代表 村田幸紀

『不動産投資大賞2018』にようこそ！

『不動産投資で経済的自由を手にする会』の代表をつとめる**村《む》田《らた》幸《こう》紀《き》**です。

この本は、2018年12月に『不動産投資で経済的自由を手にする会』が企画、開催した**『不動産投資大賞2018』**を書籍化したものです。

本書と出会ったあなたを、会の代表として、心から歓迎したいと思っています。

出版にたずさわるたびに記していることですが、本書でも『不動産投資で経済的自由を手にする会』について、すこし説明させてください。

『不動産投資で経済的自由を手にする会』は、私、村田が主宰する、プロの不動産投資家およそ200名が集まった、不動産投資家のコ

村田代表の着物は、「変化」の象徴だった

ミュニティです。

そのコミュニティでは、年間家賃収入1億円を超える、プロ中のプロともいえる不動産投資家が、すでに51名誕生しています。

会をスタートしたのは2008年ですから、**11年目で51名。年間約5人ペースで、億を超える年間家賃収入を手にしている**のです。

昨今、不動産投資は難しい時代になったのではという論調もありますが、**〝億超え大家〟**の誕生は、まぎれもない事実です。

そして、『不動産投資大賞2018』とは、本会で不動産投資家として活躍する7名の会員たちによる、不動産投資戦略のプレゼンテーション大会なのです。

まさに、理屈抜き。令和時代を生きる不動産投資家たちの肉声が、本書には込められていると思います。

年間家賃収入が億を超えた不動産投資家を『不動産投資で経済的自由を手にする会』では、**〝ワンベスター〟**と呼んでいます。

これは『不動産投資で経済的自由を手にする会』による造語です。

不動産投資大賞2018

家賃収入1億円の「ワン（ｏｎｅ）」と投資家の「インベスター（ｉｎｖｅｓｔｏｒ）」、そして、憧れる存在、目標となる地点として「スター（ｓｔａｒ）」を合わせた言葉なのです。

ちなみに〝ワンベスター〟には、年間約3000万円〜4000万円のキャッシュ＝現金が残ることになります。

さらに、『不動産投資で経済的自由を手にする会』には、会員のサポートをするトレーナー、アシスタントトレーナー、パートナー（94〜95ページ参照）が、エグゼクティブトレーナーの私を含めて9名います。

サポート役全員が、年間家賃収入1億円を超えている不動産投資家のコミュニティは、当会だけだと胸を張れます。

もちろん、本書の『不動産投資大賞2018』で登壇した会員たちのなかにも〝ワンベスター〟は存在します。しかし、家賃収入2000万円という規模の会員もいます。

理由は、『不動産投資で経済的自由を手にする会』の最大の到達

点は、投資から得られる収入の多さではないからです。

不動産への投資によって、投資家にとって十分な不労所得を得、その結果、自分の人生を自由自在に歩むことができること。

それこそが、『不動産投資で経済的自由を手にする会』の目標であり、また成功のかたちだと考えます。

不動産投資家たちは、スタートした段階で、ある種の余裕を持っていると私は思っています。

不動産投資には、それなりの自己資金が必要となることからもそれは自明でしょう。

だから、投資に着手した瞬間に目標が見えなくなってしまう人がいるのではないでしょうか。

私たち『不動産投資で経済的自由を手にする会』は、投資をする目的に目を向けさせることから始まる、といっても過言ではありません。

むろん、**〝自分の人生を自由自在に歩むという目標を達成するた**

不動産投資大賞
不動産投資で経済的自由を手にする会
不動産投資大賞
2018
会場

会場の廊下にもにぎやかな、のぼり旗

めのもっとも早い道筋は、不動産投資である〟というのが、私の経験に基づいた持論です。

世界の富豪たちは、不動産投資で自由を得ています。

その事実に気づいたとき、私は、不動産投資に大きな夢を持ちました。

ところが、これまでの私の著書でも明かしているとおり、**私は、最初の投資で大きな失敗をします。**人生のすべてを失ったというような感覚にもおちいりました。

追い詰められて、いよいよあとがないという私に、よみがえるきっかけを与えてくれたのは、夜空に輝く月だったのです。

すべての力が抜けた感覚というのでしょうか。月を見ただけで、

——そう、一瞬で、人は変われることを私は知ったのです。

その日以来、どうしてもうまくいかなかった投資の歯車がかみ合いはじめ、つぎつぎと成功。人生が、窮屈なものから自由なものへと**「変化」**していったのです。

200名を超える会員と家族が集合

私は、その成功をもとに、**融資先を地方銀行に絞って突き詰めるメソッド、『村田式ロケット戦略』を開発。**投資をスタートしてから11カ月で、アパートやマンション5棟を持ちます。

1年も経たないうちに、総資産は、4億9000万円。年間家賃収入は、6200万円に上る物件を手に入れることに成功します。

当時はサラリーマンの副業としての不動産投資だったのですが、独立を決断。2007年に会社を退社し、不動産投資家として一本立ちしたのです。

現在は、20棟573戸を所有。総資産は、現在の不動産価値で約40億円。年間家賃収入は、満室時で4億円超。

銀行への返済は、年間1億6000万円未満。返済比率は39%です。

私が、このような成功を手にした理由は、不動産投資のすばらしさを多くの人々に伝え、サポートするためではないかと思い、2008年、不動産投資コンサルタントして『不動産投資で経済的

不動産投資大賞 2018

自由を手にする会』を主宰しました。

そして10年。当会が開催した『不動産投資大賞２０１８』で語られたプレゼンテーションには、不動産投資によって、人生の自由を手にしたいと願った会員たちによる、事実に基づく投資戦略があります。

その意味で、本書には、**「気づき」**が溢れていると、確信しています。

『村田式ロケット戦略』とはなにか

『不動産投資で経済的自由を手にする会』で使う投資のテクニックは、先にも記した、私が考案した**『村田式ロケット戦略』**という投資戦略です。

本編に入る前に、『村田式ロケット戦略』について短く説明します。

『村田式ロケット戦略』では、不動産投資で成功する物件のキーワ

ードを次のように説明しています。それは――、

「地方」、「住居系」、「中古」、「一棟物」、「RC（鉄筋コンクリート造）」

です。

これら5つのキーワードを軸にして、『村田式ロケット戦略』は、進んでいきます。詳しくは、これまで世に出ている私の著書にありますが、2016年に発刊した**『1年目から成功する不動産投資村田式ロケット戦略のすべて』（宝島社刊）**に、詳細を記しました。

加えて、『村田式ロケット戦略』の最初のステージ＝ファーストステージの目標は、年間家賃収入で、年間キャッシュフロー1000万円を達成することです。

キャッシュフローとは、不動産投資の書籍でほぼ必ず出てくる言葉で、「CF」という表記にもなっています。ご存じのかたも多いでしょう。

かんたんにいうと、キャッシュフローとは、物件の「年間の家賃

不動産投資大賞 2018

収入」から「諸経費」と「銀行への返済額」を引いた残りの金額をいいます。

不動産投資によって、実際に手元に残るキャッシュ＝現金です。

本書で投資戦略を競い合った7名の会員たちは、すべて、『村田式ロケット戦略』のファーストステージである**「年間キャッシュフロー1000万円」を達成**しています。

『村田式ロケット戦略』では、ファーストステージを以下のように考えます。

先にも述べたとおり、『村田式ロケット戦略』で狙う物件は、「地方」、「住居系」、「中古」、「一棟物」、「RC（鉄筋コンクリート）造」です。

投資物件が、ワンルームなどではなく「一棟物」。それも、木造ではなく「RC（鉄筋コンクリート）造」。

投資金額は安くはありません。**1棟、およそ1～2億円になります。**

さらにいえば、1億円の「一棟物」「RC（鉄筋コンクリート）造」

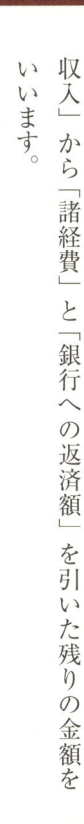

会員の成長を前に、授賞式で涙ぐんでいた法身栄治《ほっしんえいじ》トレーナー。「登壇者だけではなく、全員が主役だと思います！」と力強く語った

の物件で、年間キャッシュフローは３００万円程度になりますから、ファーストステージの目標とするキャッシュフロー１０００万円に到達するためには、１億円のマンションを３棟から４棟取得することが必要です。

つまり、ファーストステージで、総額３～４億円を銀行から借り入れることになるのです。

「怖い！」と思ったかたも多いと思いますが、この局面で重要になってくるのが、心の問題なのです。

１棟目で、１億円の「一棟物」「ＲＣ（鉄筋コンクリート）造」物件を手に入れるというファーストステージに集中できた人々のリアルな経験を伝えるのが、本書の狙いでもあります。

どうか、本書に登場する会員たちの心の変化をよく読み取ってください。

『村田式ロケット戦略』を理解しても、心がすくんでいると銀行の融資が手に入ることはありません。

司会進行をつとめたのは、青《あお》木《き》宏之《ひろゆき》トレーナー。「大賞の前にCMは……、ないですよ」というジョークで、会場は沸いていた。なめらかな口調で、軽やかに進行

1億円の「RC（鉄筋コンクリート）造」物件の場合、手続きの手数料などの諸費用として、600万円程度の自己資金が必要となります。

しかも銀行からの借り入れ金額の担保は、銀行に持ち込む「一棟物」の「RC（鉄筋コンクリート）造」物件。銀行が優良な担保とみなした場合のみ、融資は成立します。

以上は、年間キャッシュフロー1000万円をテーマに展開した、2015年に出版した初の著書、**『最短で億を稼ぐ　村田式9ステップ 中古マンション投資法』（主婦の友社）**に詳しく記していますのでご一読ください。

選ばれし7名の登壇者!!

さて、この『不動産投資大賞2018』は、2017年の年末から準備してきたものです。

2月～7月までエントリーを受け付けたのですが、60名以上の会員が、エントリーしました。

そこから、16名に絞り込み、そこからさらに7名の登壇者が決まったのです。

これまでも強調してきましたが、テーマは、会員たちの**「変化」**です。

不動産投資のコンサルタントとして、身に染みてわかっていることが、ひとつだけあります。それは、**不動産投資に成功した瞬間に、人生のすべての苦労が報われる。**わかりやすくいえば、「チャラになる」ということです。

あらためて述べますが、不動産投資は、誰もができる投資ではありません。

先にも記したように、自己資金も必要ですし、銀行から多額の融資を受けるのですから、それなりの社会的な信用がなければ、不可能だと思うのです。

そのような一見有利な立場で、順風満帆にスタートをきったとし

ても、その先に、思わぬトラブルが待ち構えているのが、不動産投資です。

「融資が受けられなくなった」、「物件購入の約束をしていたのに他人に売られてしまった」、「よい物件だと思ったのに、購入したら空室ばかりになった」などなど、思いがけない落とし穴が待ち受けています。

しかし、本書に登場する7名の会員は、そのトラブルを人生を**「変化」**させることで、乗り越えてきたのです。

不動産投資によって、あなたの人生は、変わります。

『不動産投資大賞２０１８』に登場する会員たちの言葉には、人生を変えられる実績が詰まっているのです。

『不動産投資で経済的自由を手にする会』
代表 村田幸紀

不動産投資大賞2018とは

不動産投資大賞2018

開催日
2018年12月8日（土）

開催場所
神奈川県横浜市
『TKPガーデンシティPREMIUM みなとみらい』

登壇者
参加ファイナリスト7名

司会
『不動産投資で経済的自由を手にする会』
トレーナー／青木宏之

投票に関して
プレゼン時間：各自10分。
『不動産投資で経済的自由を手にする会』会員をメインとした参加者約200名による投票で決定。

栄えある「がんばった賞」受賞者。左から、「最多物件調査賞」HYさん（31回の調査）、村田代表、「最多銀行開拓賞」じぇい太さん（18行開拓）、「最多グルコンアンケート賞」（36回提出）ダ・ヴィンチさん

投票基準

実績面、メンタル面、成果を5点満点で一次採点。全員がプレゼンした後に最終的な判断で優勝者を1名選び投票。投票の多い順に、優勝、2位、3位を発表する。

優勝賞品

優勝者
・トロフィー、航空会社株主優待券ほか賞品

2位
・盾、航空会社株主優待券ほか賞品

3位
・盾、航空会社株主優待券ほか賞品

ほか各賞

がんばった賞
・最多物件調査賞
・最多銀行開拓賞
・最多グルコン（グループコンサルティング）アンケート賞

特別三賞
・最多物件購入賞
・最大物件規模賞
・最多物件購入レポート賞

達成者表彰
・キャッシュフロー1000万円達成者表彰
・〝ワンベスター〟達成者表彰

もくじ

デザイン／DTP　ユニオンワークス
協　力　『不動産投資で経済的自由を手にする会』クライアントサポート事務局

不動産投資大賞 2018

『不動産投資大賞』初代チャンピオン

『スルガ地獄からの生還』／ダッチさん

Profile

39歳。大阪府在住。会社員（金融系コンサルタント会社、営業管理職）。
趣味・特技は、海外旅行、ジムでのトレーニング、読書。
不動産投資歴：約4年
『不動産投資で経済的自由を手にする会』への入会：2015年10月
所有物件の棟数：4棟　戸数：59戸＋事務所1戸
年間家賃収入：3880万円／総投資額：3億9100万円

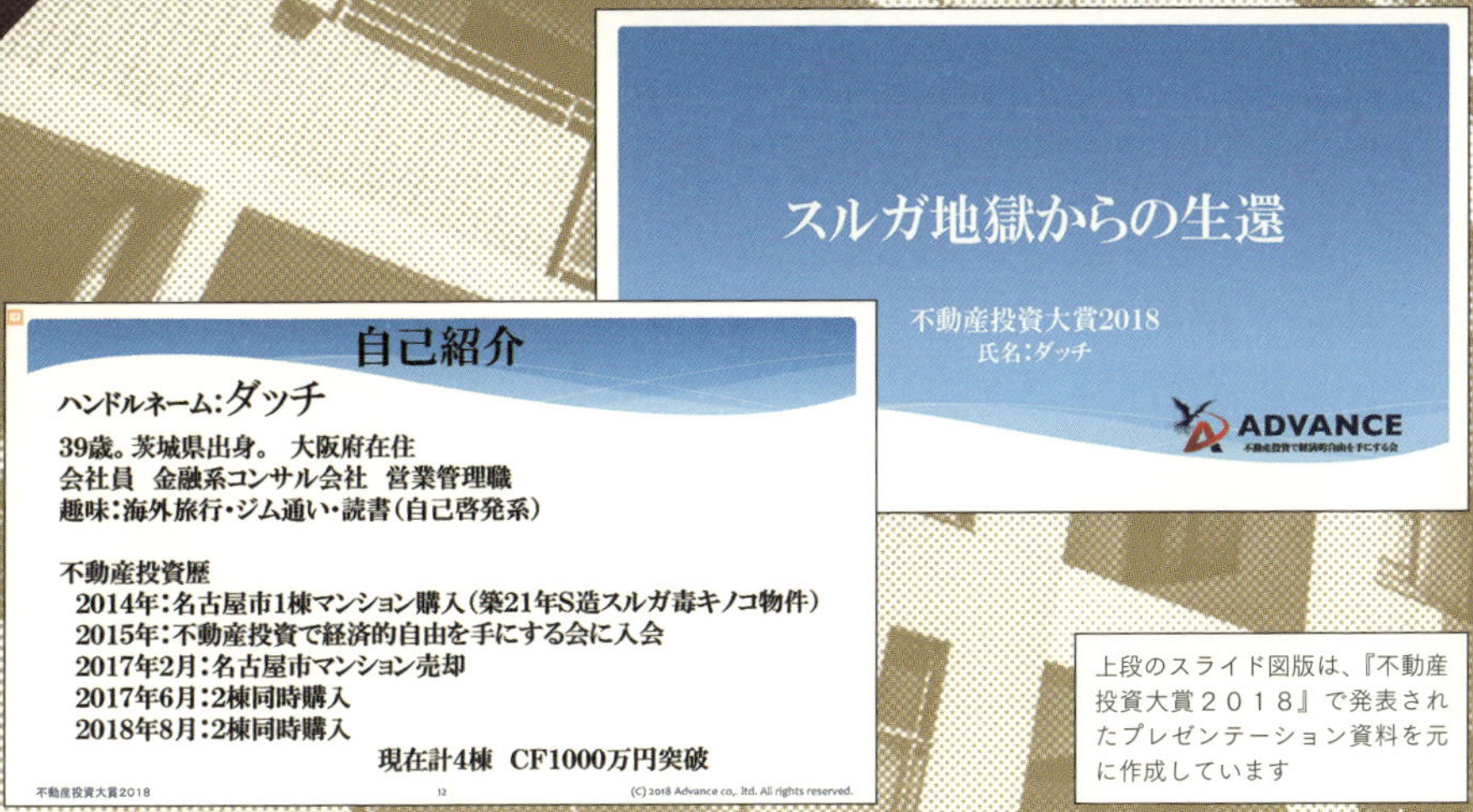
スルガ地獄からの生還
不動産投資大賞2018
氏名：ダッチ
ADVANCE
自己紹介
ハンドルネーム：ダッチ
39歳。茨城県出身。 大阪府在住
会社員 金融系コンサル会社 営業管理職
趣味：海外旅行・ジム通い・読書（自己啓発系）
不動産投資歴
2014年：名古屋市1棟マンション購入（築21年S造スルガ毒キノコ物件）
2015年：不動産投資で経済的自由を手にする会に入会
2017年2月：名古屋市マンション売却
2017年6月：2棟同時購入
2018年8月：2棟同時購入
現在計4棟 CF1000万円突破
不動産投資大賞2018
12
(C) 2018 Advance co,. ltd. All rights reserved.

上段のスライド図版は、『不動産投資大賞２０１８』で発表されたプレゼンテーション資料を元に作成しています

スルガ銀行に拘束された私

まずは、私が不動産投資を始めるきっかけからお話ししましょう。

21歳のときに、両親が事業で失敗し、倒産という状況が起こります。借金は、当時で8000万円。

保証人が、全員親戚だったということもあり、母は、自己破産よりも全額返済をする決意を固めます。

以来、兄弟4人、家族一丸で必死になって、15年をかけて全額を返済。

私は、すでに就職をしていましたが、アルバイトも始め、給料とアルバイト代のなかから、仕送りをしていました。

母は、私や兄弟のこれからの人生のためにもと全額返済という決断をくだしたのですが、問題がふたつ出てきます。

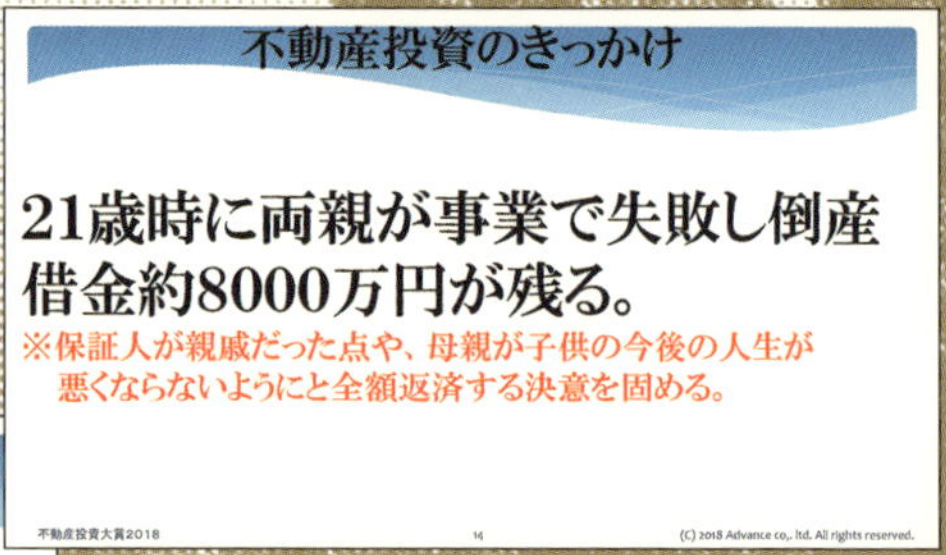
不動産投資のきっかけ
21歳時に両親が事業で失敗し倒産
借金約8000万円が残る。
※保証人が親戚だった点や、母親が子供の今後の人生が
悪くならないようにと全額返済する決意を固める。
不動産投資大賞2018
14
(C) 2018 Advance co,. ltd. All rights reserved.

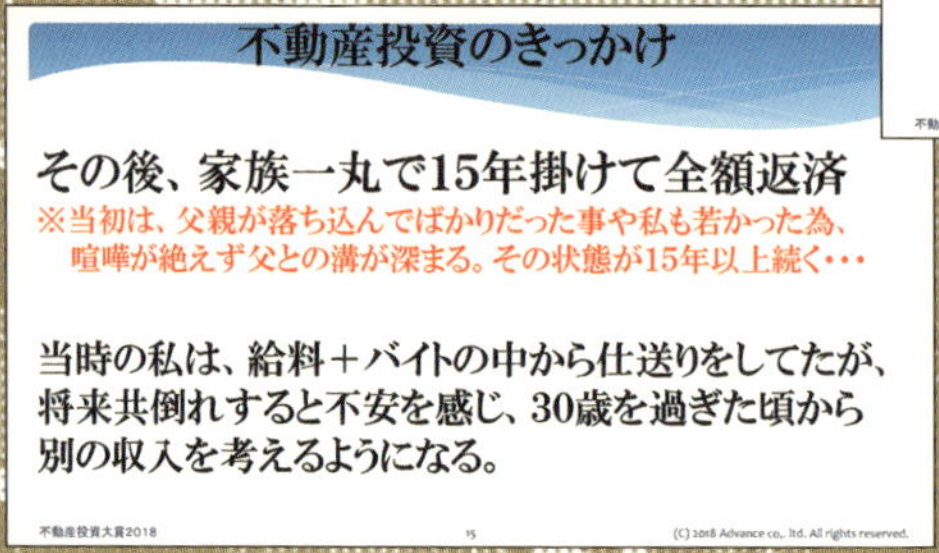
不動産投資のきっかけ
その後、家族一丸で15年掛けて全額返済
※当初は、父親が落ち込んでばかりだった事や私も若かった為、
喧嘩が絶えず父との溝が深まる。その状態が15年以上続く・・・
当時の私は、給料＋バイトの中から仕送りをしてたが、
将来共倒れすると不安を感じ、30歳を過ぎた頃から
別の収入を考えるようになる。
不動産投資大賞2018
15
(C) 2018 Advance co,. ltd. All rights reserved.

ひとつは、私と父親との関係です。

父はその時期、事業での失敗、倒産、借金の全額返済という人生の大きな壁を目の前にして、落ち込んでばかりいました。

21歳と若かった私は、当然その姿に反発を覚え、父との溝は深まるばかりでした。**そんな父子の不和が、15年間も続くことになるのです。**

もうひとつは、両親が事業に失敗してから約10年――、30歳過ぎたころ、仕事とバイトの掛け持ちで、けんめいに借金返済のための仕送りをしてきたのですが、**もしかしたら将来、共倒れになるのではないか、という不安にさいなまれるようになったのです。**

父との関係は、もう割り切っていました。しかし、ふたつめの将来への不安は、なかなか払しょくできず、解決方法として、私は、別の収入を得ることができないかと思うようになります。

「この方法しかない」と、不動産投資をスタート

4年前のことでした。不安で押しつぶされそうな私は、知人が1

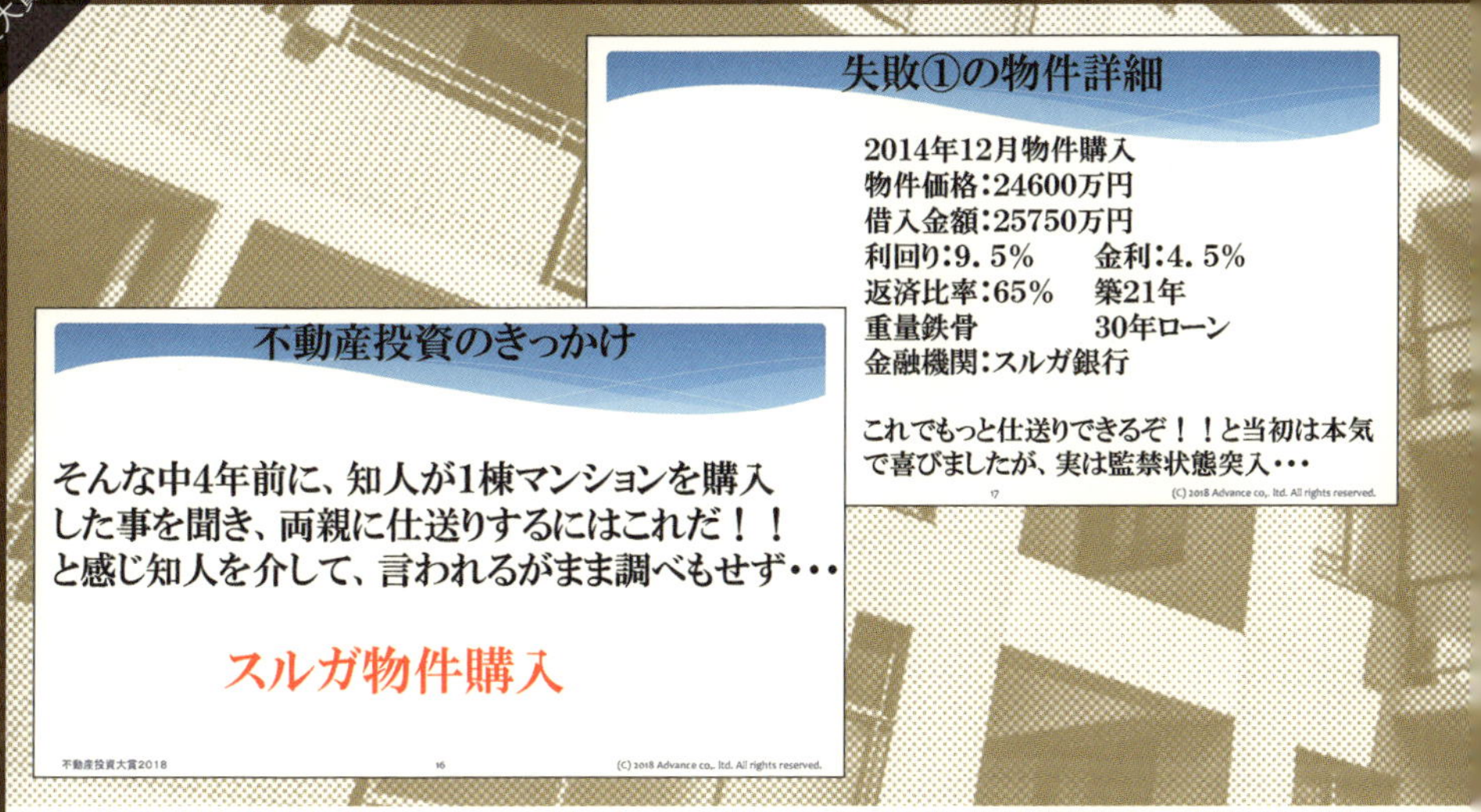
失敗①の物件詳細
2014年12月物件購入
物件価格：24600万円
借入金額：25750万円
利回り：9．5%　金利：4．5%
返済比率：65%　築21年
重量鉄骨　30年ローン
金融機関：スルガ銀行
これでもっと仕送りできるぞ！！と当初は本気で喜びましたが、実は監禁状態突入・・・
17
(C) 2018 Advance co,. ltd. All rights reserved.
不動産投資のきっかけ
そんな中4年前に、知人が1棟マンションを購入した事を聞き、両親に仕送りするにはこれだ！！と感じ知人を介して、言われるがまま調べもせず・・・
スルガ物件購入
不動産投資大賞2018
16
(C) 2018 Advance co,. ltd. All rights reserved.

棟マンションを購入し、家賃収入を得ていることを耳にします。

そう。不動産投資で収入を得ていたのです。

私は、「両親の借金を早く返すには、この方法しかない」と思い、知人を介して、不動産投資の門を叩きます。

融資先は、スルガ銀行。
物件を購入したのは、2014年の12月です。

2018年、不正融資や資料の改ざんなど、大きな社会問題にまで発展した、あのスルガ銀行が融資先です。当然のごとく、私も同じような問題に巻きこまれます。

物件の詳細は、以下のとおりです。

物件価格：2億4600万円
借入金額：2億5750万円
利回り：9・5％
金利：4・5％

返済比率：65％
物件：築21年、重量鉄骨造
返済期間：30年
金融機関：スルガ銀行

失敗①会の基準に照らすと・・・

	初年度
満室時利回り	9.96%
CF	-27万円
1億当たりのCF	-11万円

	10年保有時
含み益	-2933万円
累積CF	-600万円
総合収支	-4388万円
1億円当たりの総合収支	-1784万円

10年保有時の総合収支：－4388万円・・・

不動産投資大賞2018　18　

利回りは、10％が目標などといわれますが、この物件は9・5％とほぼほぼの合格点。**単純計算で、年間約2000万円の家賃収入が手にできるのです。**

もちろん、「これでもっと仕送りできるぞ‼」と、当初は本気で喜びました。けれど、実際は、まったく逆でした。

初年度からお金はまわったのですが、まったく儲かった気がしないのです。

じつは、満室時利回りは9・96％であったにもかかわらず、これはまやかしのようなもの。

上表のとおり、『不動産投資で経済的自由を手にする会』の基準に照らし合わせて計算してみると、**キャッシュフローは年間マイナス27万円、1億円あたりのキャッシュフローももちろん、マイナス11万円。**

10年保有となると、含み益が、マイナス2933万円。累積キャッシュフローは、マイナス600万円になり、**総合収支は、なんとマイナス4388万円になる。**

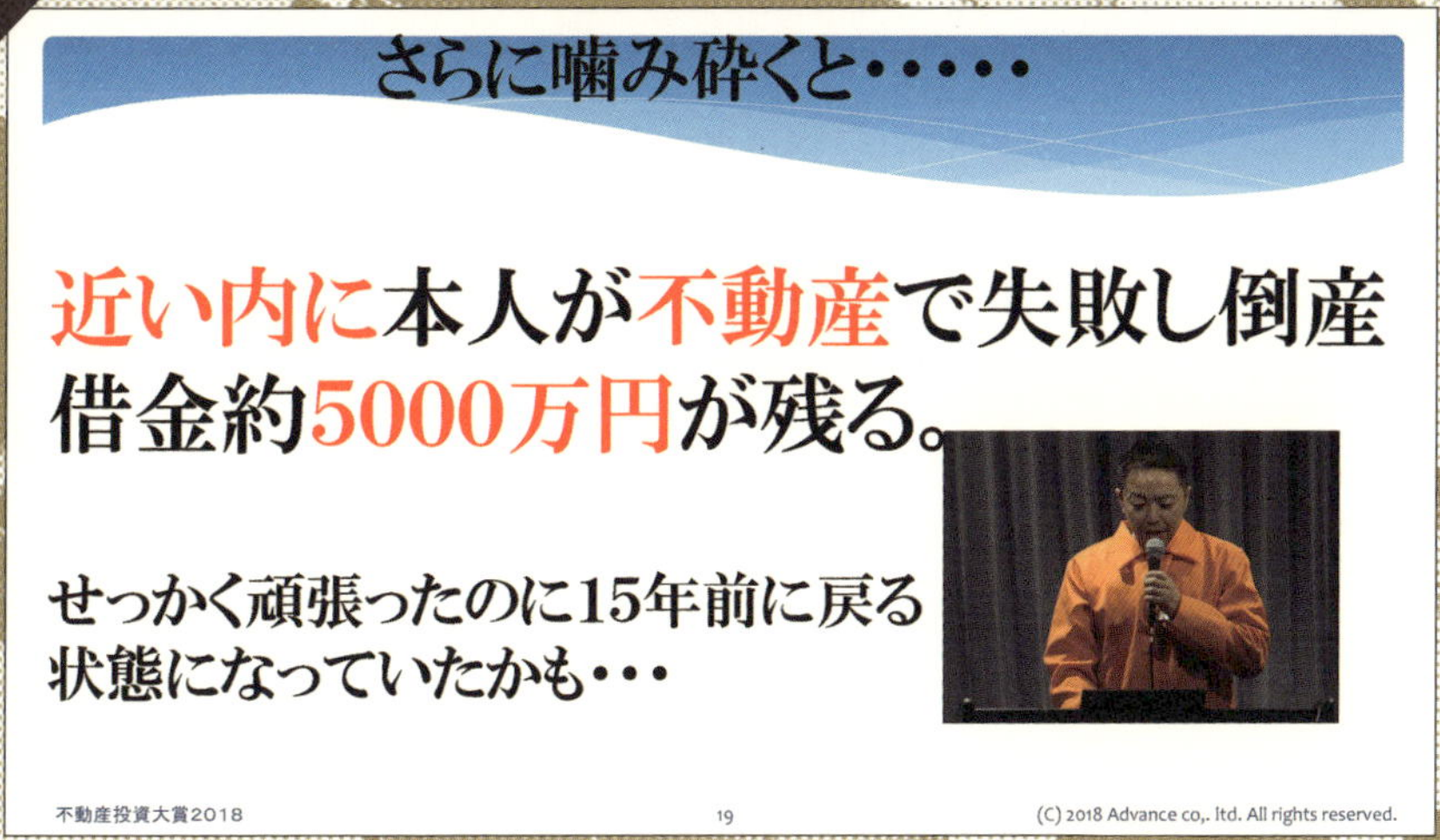
さらに噛み砕くと・・・・・
近い内に本人が不動産で失敗し倒産
借金約5000万円が残る。
せっかく頑張ったのに15年前に戻る
状態になっていたかも・・・
不動産投資大賞2018
19
(C) 2018 Advance co,. ltd. All rights reserved.

いわゆる、債務超過。それも**スーパー債務超過**というパターンだったのです。

物件の価値よりも、返済金額のほうが高いという状況ですから、かんたんに転売できるはずもありません。

不動産投資の勉強をすればするほど、悲惨な未来が目に見えてきました。

近いうちに不動産投資で失敗という結果におちいる。物件を手放すことができたとしても、５０００万円近い負債が残るという計算が、目に入ったのです。

せっかくがんばって手にした不動産投資物件にもかかわらず、15年前の両親の倒産と同じ状況です。

購入したというよりも、スルガ銀行に借金を背負わされ、拘束されたような気持ちでした。

もちろん私は、物件の運営でカバーしようと、大阪で、実際に大家さんが主宰する不動産物件の経営セミナーに通い始めます。

当会とは別の会に入会～失敗②

購入後、今後の運営を頑張るために勉強しようと、大阪の大家さん主催のセミナーを受け個別コンサルを申し込む。（月会費5万円）

ただ・・・会費を払うものの、ほぼ具体的なコンサルは無く
①月2回会い、銀行開拓を一緒に回るものの名刺渡すのみで終了・・・
②その方の所有物件を一緒に見て回って自慢話されて終わり・・・

2か月経過し、前に進まず悶々としている中でAmazonの書籍で運命の一冊に出会う。

不動産投資大賞2018　21　

マンション経営のノウハウを学ぼうとして、前向きに試みたのです。会費は、月に5万円でした。

5万円は、けっして安い金額ではありません。もちろん、借金がこれ以上膨れ上がらないように持っている不動産物件で、結果を出さなくてはなりません。

ところがそのセミナーでは、具体的なコンサルは、一切ありませんでした。

当時の私と同じような不動産投資の初心者の多くの人がはまるパターンかもしれません。

セミナーの主催者との面談は、月に2回だけでした。

主催者は、銀行開拓を最大の目標に掲げて、私と一緒に銀行を回ってくれるのですが、そこでは名刺を渡すだけで、結果としての新しい「物件」や「融資」の紹介は、まったくありません。

また、そのかたの物件運営の戦略を聞くために、主催者が持つ物件をみてまわるのですが、「この物件がいかに優良か」という自慢話を聞くだけ。

私の物件を活用する方法は、皆無だったのです。

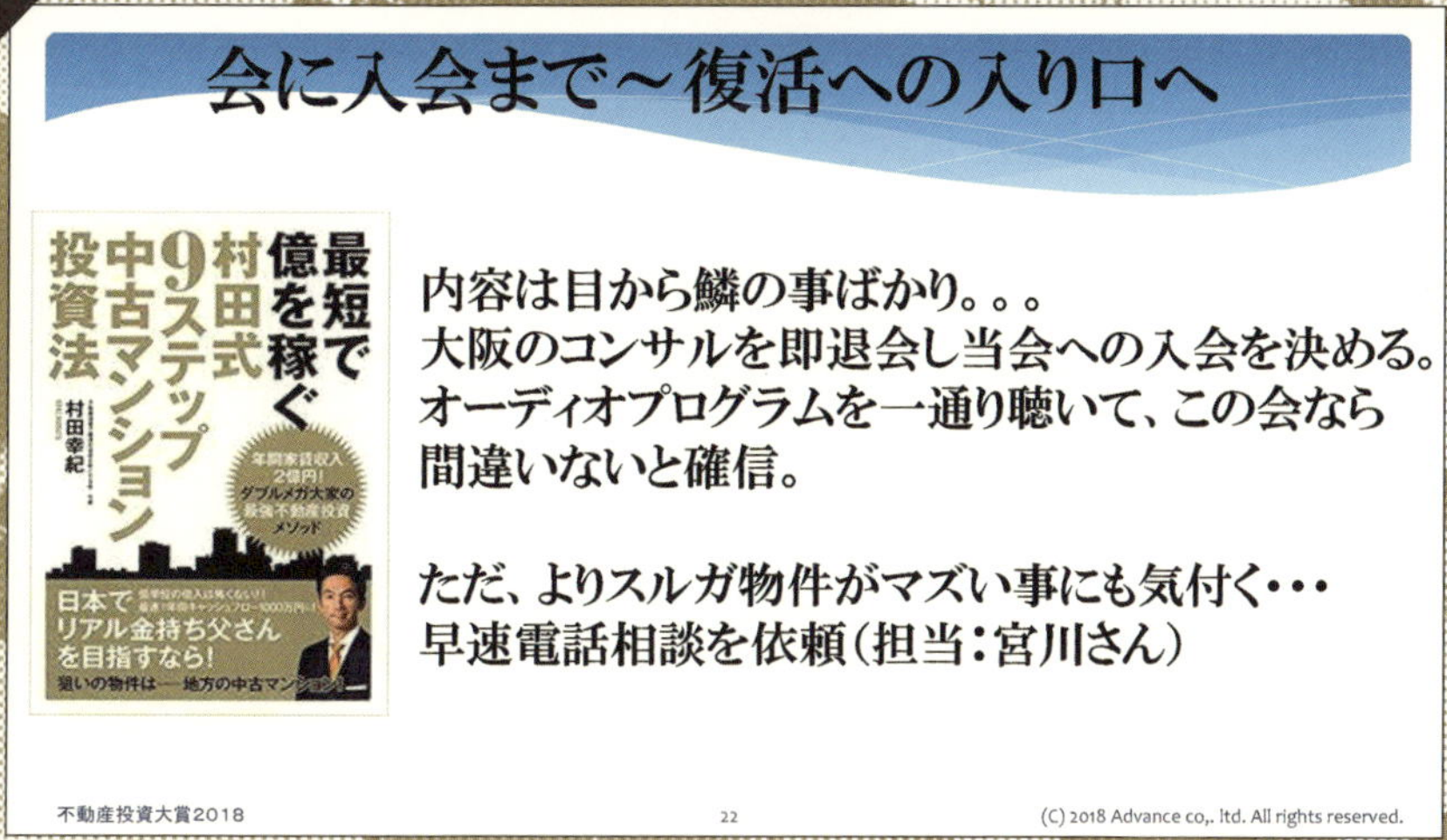
会に入会まで～復活への入り口へ
最短で億を稼ぐ
村田式9ステップ
中古マンション投資法
村田幸紀
年間家賃収入2億円！ダブルメガ大家の最強不動産投資メソッド
日本でリアル金持ち父さんを目指すなら！
狙いの物件は――地方の中古マンション！
内容は目から鱗の事ばかり。。。
大阪のコンサルを即退会し当会への入会を決める。
オーディオプログラムを一通り聴いて、この会なら間違いないと確信。
ただ、よりスルガ物件がマズい事にも気付く・・・
早速電話相談を依頼（担当：宮川さん）
不動産投資大賞2018
22
(C) 2018 Advance co,. ltd. All rights reserved.

目からうろこの9つのステップ

私は焦ります。そして、不動産投資本を読みあさります。

そのなかの一冊が、『不動産投資で経済的自由を手にする会』代表・村田幸紀氏が世に出した、**『最短で億を稼ぐ　村田式9ステップ　中古マンション投資法』（主婦の友社）**だったのです。

私と同じように、投資物件のターゲットが、中古マンションであるところ。そして、最初の投資で、まるで毒のような物件をつかまされ、そこから復活したという状況にも心を揺さぶられました。

9つのステップを列記します。

ステップ1：成功マインドの確立
ステップ2：投資法を村田メソッドと決める

会に入会～売却まで

ただ、売却活動をスタートはするものの・・・・
スーパー債務超過物件・・・売却は当然苦戦・・・・
（監視が厳しく開放されない・・・泣）

ただ、諦めたら終わりと思い、片っ端から売却依頼を行い
絶対売却し入会するぞ！！の思いでとにかく動きました。

レターパックを絨毯爆撃のように送付

不動産投資大賞2018　24　

ステップ3：目標と計画を立てる
ステップ4：不動産投資の基礎を学ぶ
ステップ5：金融機関を開拓する
ステップ6：物件検索は「絞る」スキルを磨く
ステップ7：合格レベルの物件を購入する
ステップ8：賃貸経営の半自動化、満室経営をおこなう
ステップ9：不労所得を得て、ラットレースから解放される

どれも具体的で目からうろこの話ばかり。

融資を受けることが、不動産投資の最大の肝であることをあらためて思い知り、**属性（返済という観点から見た信用）という意味も含めて、自分自身がどういう人間なのかということまで考えさせられました。**

そして、村田氏はこういいます。

「『村田式ロケット戦略』を使えば、プロの不動産投資家になれる!」と。

さらに、はっきりと腑に落ちたのが、いま持っているスルガ銀行

会に入会まで～売却
2017年2月15日
スルガ物件売却完了
※旅行会社経営のスーパー属性の方が頭金4000万円を
投入しても購入したいとの事で売却が出来ました。
不動産投資大賞2018
26
(C) 2018 Advance co,. ltd. All rights reserved.

が融資した物件についてでした。

プロの不動産投資家なら、見向きもしない、どれほどまずい物件であるのかと、思い至ったのです。


私は『不動産投資で経済的自由を手にする会』への入会を考えて、教材を購入。オーディオプログラムをひととおり聞いて、この会なら間違いないと確信を持ち、**2015年に入会**します。

しかし、私には、スルガ物件を持っている限りは、銀行から新たな融資を受けられないという厳しい現実を受け入れる姿勢が必要だったのです。


『不動産投資で経済的自由を手にする会』に電話相談をしたときに、対応してくださったのは、トレーナーの宮川泰《みやがわやすし》さんでした。

宮川トレーナーは、こうおっしゃいました。

「スルガ物件を売却してみたらいかがですか。そのほうが、先に進みますよ」

はっとしました。スルガ物件がある限り、融資もつかない現状に

きちんと目を向けようという、励ましの言葉に思ったのです。

私は言葉をつなぎます。

「スルガ物件を売却して、入会したいです」

「もちろん。歓迎します。がんばりましょう」

私は、力強く、「わかりました」といいました。

「債務超過物件を売却する」という分厚い壁

それ以来、私は物件の売却をスタートさせます。

ただ、スーパー債務超過物件です。**「売ろう」「売りたい」**と願って焦っても、ひたすら苦戦だけが続きます。

それは、スルガ銀行の呪縛から逃れられないというリアルな現実でもあります。

「諦めたら終わり」という言葉が、私の頭のなか響いていました。

もちろん、会の代表である村田さんも同様の事態を乗り切ったのだという気持ちもありました。

私は、日本郵便のレターパックを大量に購入し、不動産仲介業者さんや売却対応をする業者さんに次から次に送り続けました。

その期間は、ゆうに2年——。

スルガ物件という呪縛は、2年間も私を苦しめ続けます。

私は、「スルガ物件を売却しなければ前に進めない」という現実を受け入れ、「諦めたら終わりだ」というメンタルを維持し続けました。

担当の宮川トレーナーからいただいた、**「銀行から見たら大幅な〝債務超過物件〟ですが、立地も入居率もいい。**不動産を購入する理由は人それぞれです。われわれのような銀行からの借入を前提とした投資家からみると問題のある物件となりますが、**自己資金を投じていいというかたにとっては、魅力的な物件である可能性も高い。**諦めずにがんばりましょう」という言葉には、ずいぶん励まされました。

2017年2月15日。そのときはやってきます。

「諦めたら終わりだ」という言葉に、「結果」がついてきます。

アルティメット参加～物件購入まで①

物件売却も決まり、2017年1月にアルティメット会員の募集があり13期として参加。

今まで動きたくても動けなかった状態が2年も続き、勉強のみしか出来ない飼い殺し状態だったのでそこから解放されエンジン全開で物件検索。（檻の中の動物の気持ちがよく分かりました　笑）

不動産投資大賞2018　28　

私の物件を購入してくれたのは、旅行会社経営という、属性でいえば、スーパーが付くほど高い属性を持っている資産家でした。4000万円が頭金。諸費用を含めると5000万円もの金額を投入し、購入してくださったのです。

――しかし2年間。

長すぎましたが、明確にわかったのは、私の過ちが招いた苦労だということです。

当時の私は、まさに体中泥だらけ。ぬかるみのなかから復活したような状況だとも思いました。

『不動産投資で経済的自由を手にする会』アルティメット会員13期生に

物件売却を完了したのは、2017年の2月15日でしたが、その年の1月には、すでに売却が決まっていたので、『不動産投資で経済的自由を手にする会』のアルティメットサポート会員（編注：『不動産投資で経済的自由を手にする会』の会員種別。詳細は、95ペー

ジのURLでホームページ参照）の募集に参加を決めました。

「売却しなければ、前に進めない」という物件を2年もかけて売却したのです。その間は、勉強のみしかできない状況でした。

しかし、いま思えばこの2年間が本当にありがたい時間だったと思うのです。

学んだ知識を生かせなかった足かせがなくなったのです。

エンジンは全開でした。

物件検索から始めたのですが、ものすごいエネルギーで物件検索をしている自分に気づきます。

『村田式ロケット戦略』の成功のキーワード、**「地方」、「住居系」、「中古」、「一棟物」、「RC（鉄筋コンクリート）造」をターゲットに日本中の物件に次から次にアプローチしました。**

その結果、２０１７年6月、**以下の物件を北海道の札幌と鹿児島県に2棟を同時購入します。**

物件購入履歴

エリア	購入時期	築年数	物件価格	借入金額	家賃年収	利回り	銀行	金利	返済金額	返済比率
札幌	2017年6月	9年	10,500	10,500	905	8.6%	都銀	1.475%	384	42.4%
鹿児島	2017年6月	19年	12,000	12,000	1,350	11.3%	都銀	0.550%	468	34.7%
鹿児島	2018年8月	13年	8,550	8,500	795	9.3%	都銀	0.560%	310	39.0%
鹿児島	2018年8月	14年	8,050	8,000	830	10.3%	都銀	0.560%	292	35.2%
合計			39,100	39,000	3,880				1,454	37.47%

不動産投資大賞2018　30　

札幌

物件価格：１億５００万円。
借入金額：１億５００万円。
利回り：８.６%
金　利：１.４７５%
返済比率：４２.４%

物　件：築９年、RC（鉄筋コンクリート）造
家賃収入：年間９０５万円
返済金額：年間３８４万円
金融機関：都銀

鹿児島

物件価格：１億２０００万円
借入金額：１億２０００万円
利回り：11・３%
金　利：０・５５０%
返済比率：34・７%

物　件：築19年、RC（鉄筋コンクリート）造
家賃収入：年間１３５０万円
返済金額：年間４６８万円
金融機関：都銀

さらに、２０１８年の８月。今度は個別の紹介があり、さらに鹿児島県で、２棟の物件を同時購入します。

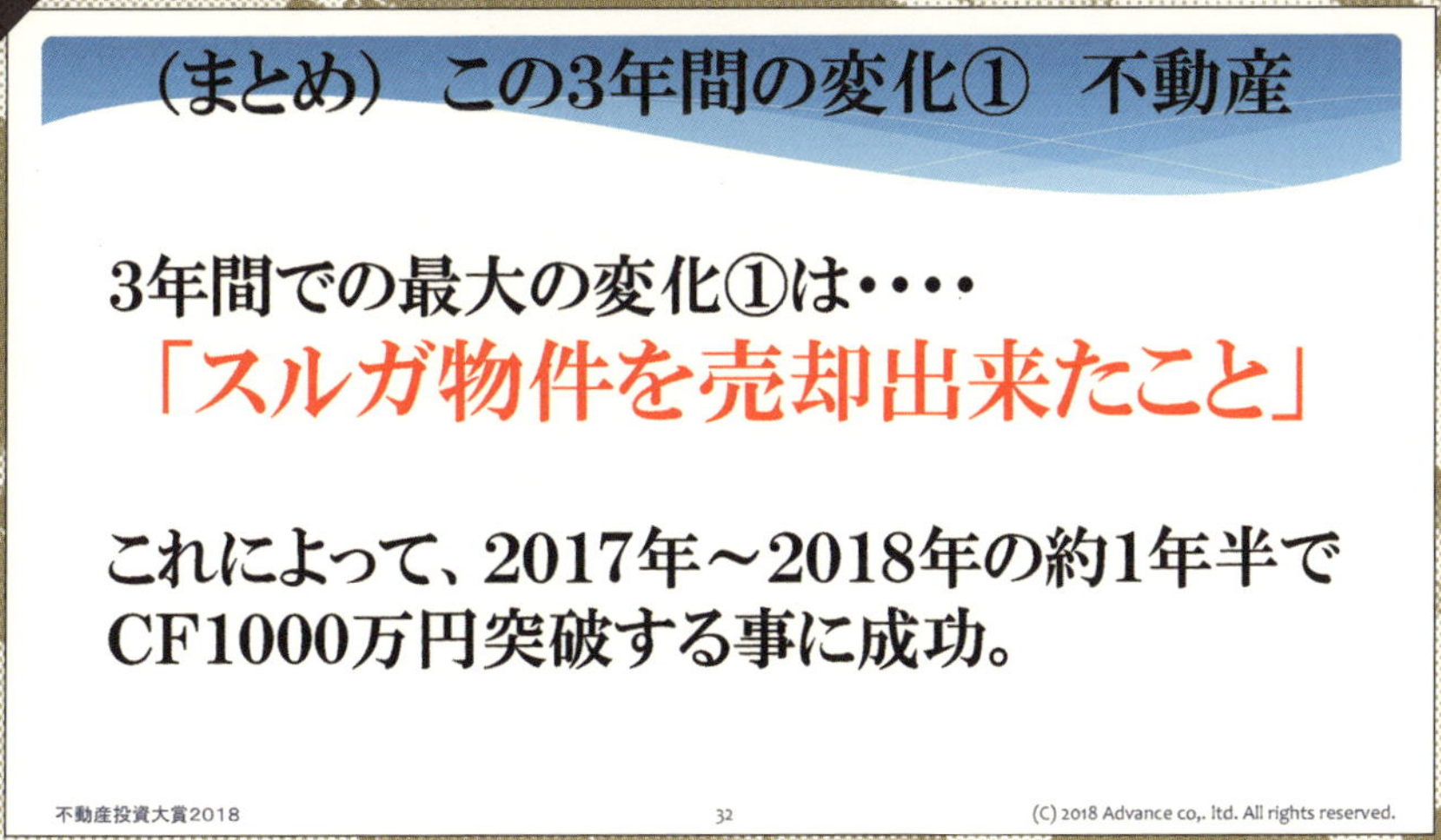
(まとめ) この3年間の変化① 不動産
3年間での最大の変化①は・・・・
「スルガ物件を売却出来たこと」
これによって、2017年～2018年の約1年半で
CF1000万円突破する事に成功。
不動産投資大賞2018
32
(C) 2018 Advance co,. ltd. All rights reserved.

鹿児島

物件価格：８５５０万円
借入金額：８５００万円
利回り：９・３％
金利：０・５６０％
返済比率：39・０％

物件：築13年、ＲＣ（鉄筋コンクリート）造
家賃収入：年間７９５万円
返済金額：年間３１０万円
金融機関：都銀

鹿児島

物件価格：８０５０万円。
借入金額：８０００万円。
利回り：10・３％
金利：０・５６０％
返済比率：35・２％

物件：築14年、ＲＣ（鉄筋コンクリート）造
家賃収入：年間８３０万円
返済金額：年間２９２万円
金融機関：都銀

結果は、右ページ上表のとおりです。物件購入総額は３億９１００万円。借入総額は３億９０００万円。

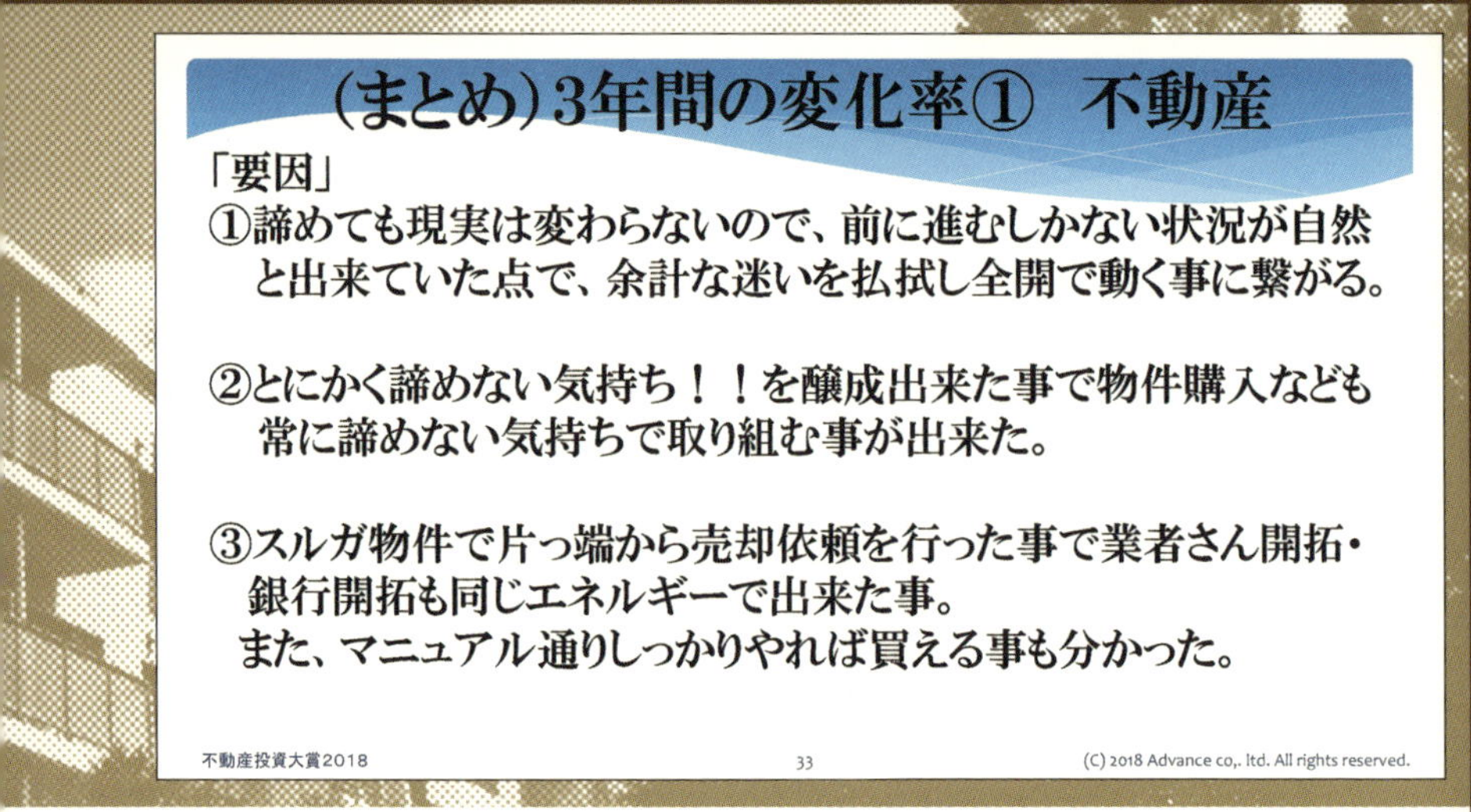
(まとめ)3年間の変化率①　不動産
「要因」
①諦めても現実は変わらないので、前に進むしかない状況が自然と出来ていた点で、余計な迷いを払拭し全開で動く事に繋がる。
②とにかく諦めない気持ち！！を醸成出来た事で物件購入なども常に諦めない気持ちで取り組む事が出来た。
③スルガ物件で片っ端から売却依頼を行った事で業者さん開拓・銀行開拓も同じエネルギーで出来た事。
また、マニュアル通りしっかりやれば買える事も分かった。
不動産投資大賞2018
33
(C) 2018 Advance co,. ltd. All rights reserved.

年間家賃収入、3880万円。返済金額、1454万円。返済比率の平均、37・47%。

わずか1年半で、キャッシュフローは、1000万円を突破しました。

不動産投資で得た最大の変化とは？

私がわずか1年半で、キャッシュフロー1000万円を突破した理由をこう考えています。

①諦めても現実は変わらないので、前に進むしかない状況が、自然とできていた。その点で、余計な迷いを払拭し、全開で動くことにつながった。

②スルガ物件をつかまされた結果として「諦めない気持ち!!」を醸成《じょうせい》できた。それが、物件購入時にいかされ、つねに諦めない気持ちで取り組むことができた。

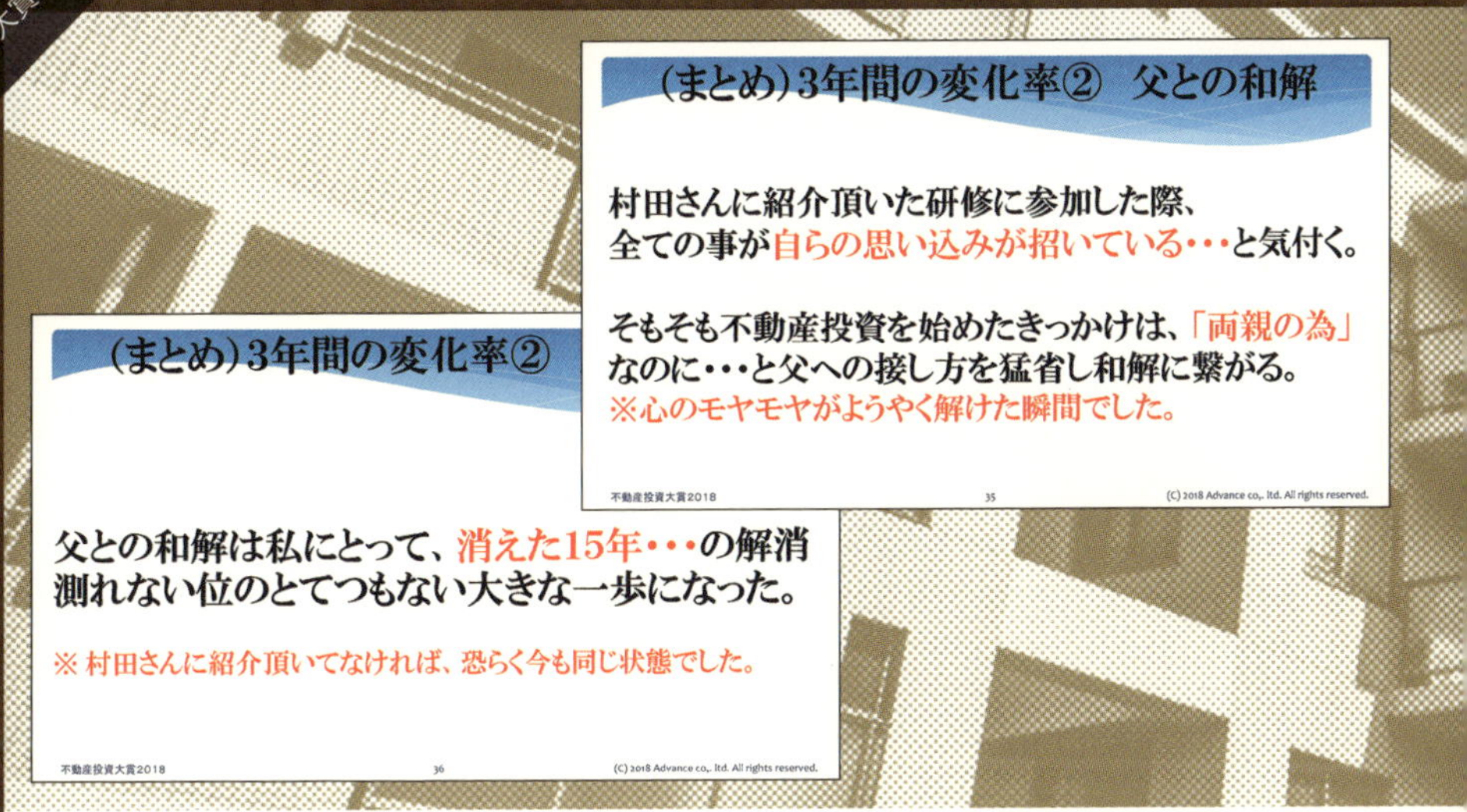
（まとめ）3年間の変化率②　父との和解
村田さんに紹介頂いた研修に参加した際、
全ての事が自らの思い込みが招いている・・・と気付く。
そもそも不動産投資を始めたきっかけは、「両親の為」
なのに・・・と父への接し方を猛省し和解に繋がる。
※心のモヤモヤがようやく解けた瞬間でした。
不動産投資大賞2018
35
(C) 2018 Advance co,. ltd. All rights reserved.
（まとめ）3年間の変化率②
父との和解は私にとって、消えた15年・・・の解消
測れない位のとてつもない大きな一歩になった。
※ 村田さんに紹介頂いてなければ、恐らく今も同じ状態でした。
不動産投資大賞2018
36
(C) 2018 Advance co,. ltd. All rights reserved.

③スルガ物件売却に苦労をしたが、結果として、かたっぱしから売却依頼をおこなったことで、『不動産投資で経済的自由を手にする会』での物件購入時の業者さん開拓、銀行開拓が、同じエネルギーでできた。

結論としては、『村田式ロケット戦略』のステップを理解し、しっかり実戦すれば、億を超える物件を次々と購入できることがわかりました。

そして、4棟の不動産投資物件と同時に、もうひとつ手に入れたものがあります。

父との和解です。

私が、『不動産投資で経済的自由を手にする会』で学んだ「気づき」のひとつは、**すべての現実は、自分の思い込みが招いているという村田代表の教えでした。**

父との関係も自らが招いたことです。

そもそも不動産投資をはじめたきっかけは、「両親のため」でした。

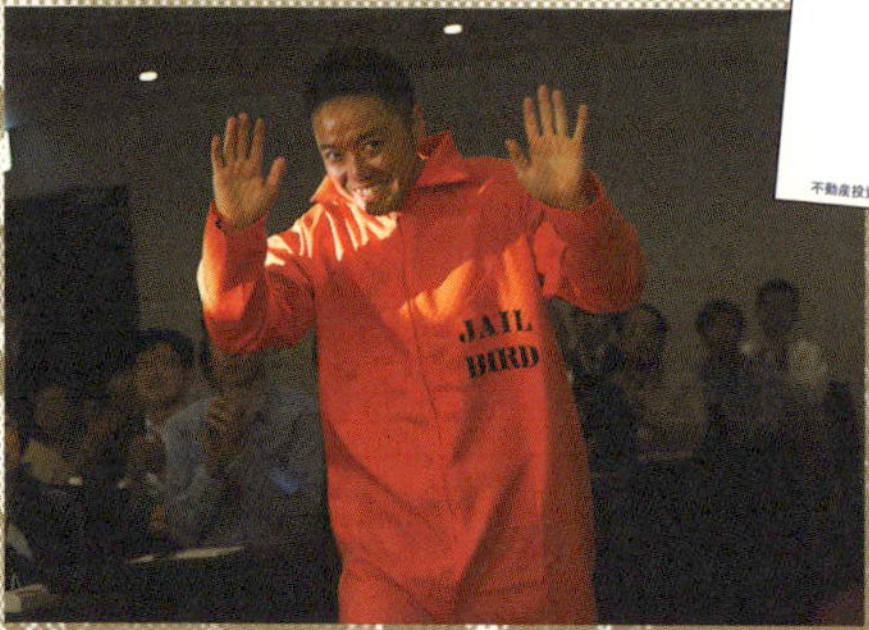
JAIL
BIRD

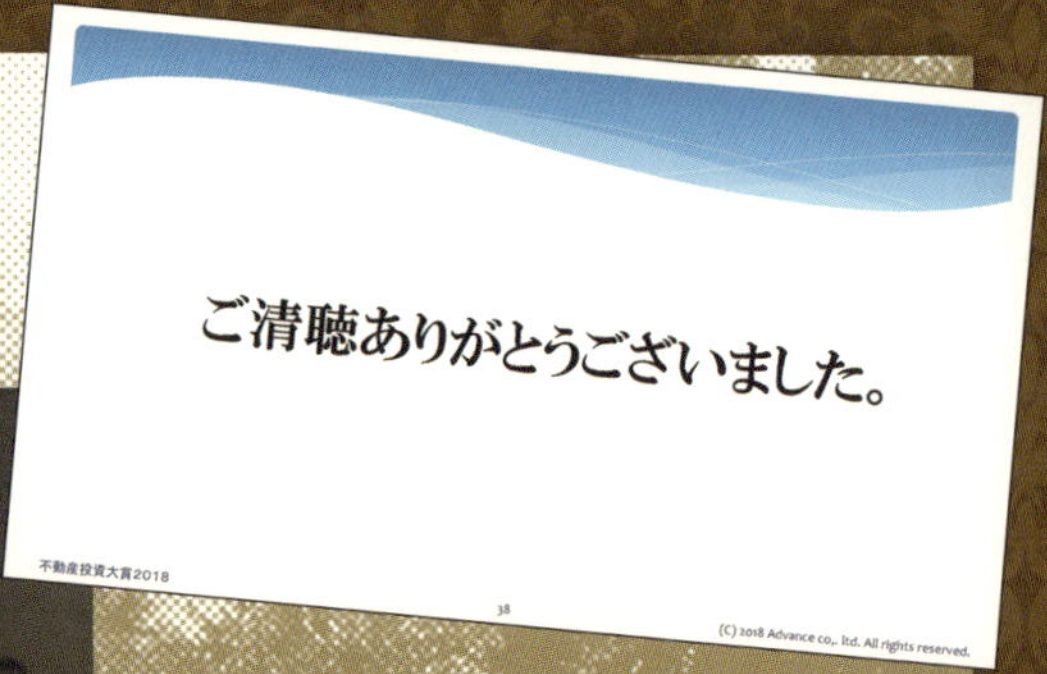
ご清聴ありがとうございました。
不動産投資大賞2018
38
(C) 2018 Advance co., ltd. All rights reserved.

本当に大事なことを忘れていたのです。

「気づき」は、父親への接し方の変化へとつながります。

15年間、私は父親との不和を自分でほうっておいたのです。猛省しました。

いまでは、父との関係は和解へと進み、話すことも多くなりました。

不動産投資に出会っていなければ、代表の村田さんに会わなければ、きっと、父との仲が戻ることはなかったでしょう。

不動産投資で得た**「気づき」**は、人生を本当に変えてくれました。

私は、〝ワンベスター〟にもきっとなれる。

私は、いま、そう思っています。

受賞のことば

温かい投票をいただき、ありがとうございました。

不動産投資の初心者だった私は、『不動産投資で経済的自由を手にする会』とトレーナーの宮川さんには、スルガ物件の売却はもちろん、投資物件の購入まで手取り足取り教えていただきました。

また父親との関係は、村田代表との出会いがなければ変わらなかったと思います。

『不動産投資で経済的自由を手にする会』に心から、感謝申しあげます。

不動産投資大賞 2018

『不動産投資大賞』準優勝

『ババ物件のキングと呼ばれて』／MOLTAさん

Profile

大阪府在住。会社員。
趣味は、バイク、ダイビング、合唱、書くこと。
不動産投資歴：約6年
『不動産投資で経済的自由を手にする会』への入会：2015年2月
所有物件の棟数：9棟／戸数：175戸
年間家賃収入：1億762万円／総投資額：9億5700万円

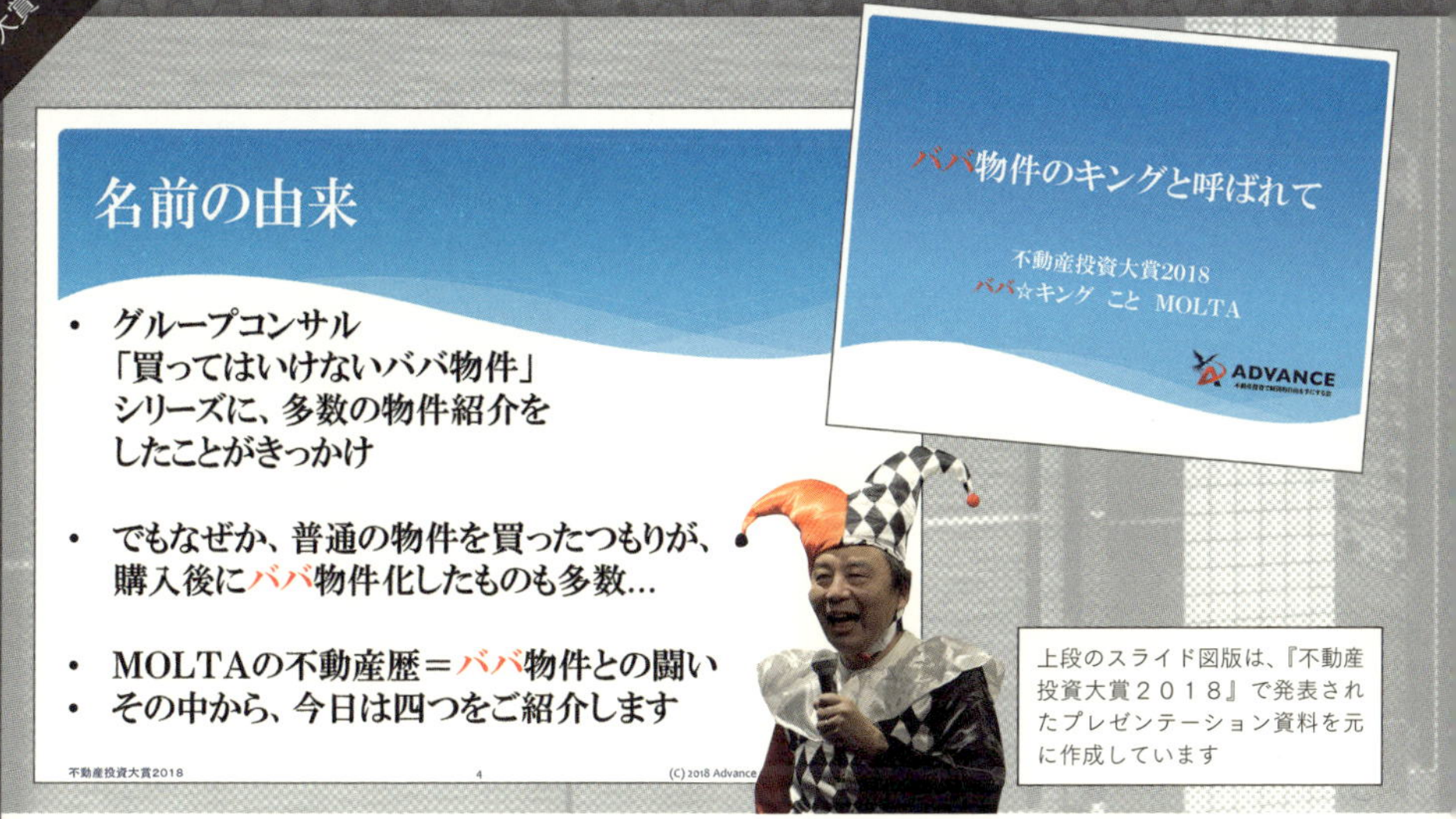
名前の由来
• グループコンサル
「買ってはいけないババ物件」
シリーズに、多数の物件紹介をしたことがきっかけ
• でもなぜか、普通の物件を買ったつもりが、購入後にババ物件化したものも多数…
• MOLTAの不動産歴＝ババ物件との闘い
• その中から、今日は四つをご紹介します
不動産投資大賞2018
4
(C)2018 Advance
ババ物件のキングと呼ばれて
不動産投資大賞2018
ババ☆キング こと MOLTA
ADVANCE

上段のスライド図版は、『不動産投資大賞２０１８』で発表されたプレゼンテーション資料を元に作成しています

ババ物件を買いたいかー!?

いきなりですが、皆さんに質問です。

「ババ物件を買いたいかー!?」

……誰もいませんよね。僕だっていやです。

「ババ物件」の「ババ」は、「ババ」抜きの「ババ」。つまり、選んではいけない、もっといえば買ってはいけない物件だと思ってください。

もちろん、「ババ物件」を物件検索で見つけてもポイっと捨てればよいワケですが、これを見極めることが、不動産投資における最初の大きな関門となるのですね。

じつは、**私、MOLTAは、『ババ☆キング』**とも呼ばれています。

『不動産投資で経済的自由を手にする会』の「ババ物件」をテーマとしたグループコンサルティングで、多数の「ババ物件」を紹介し

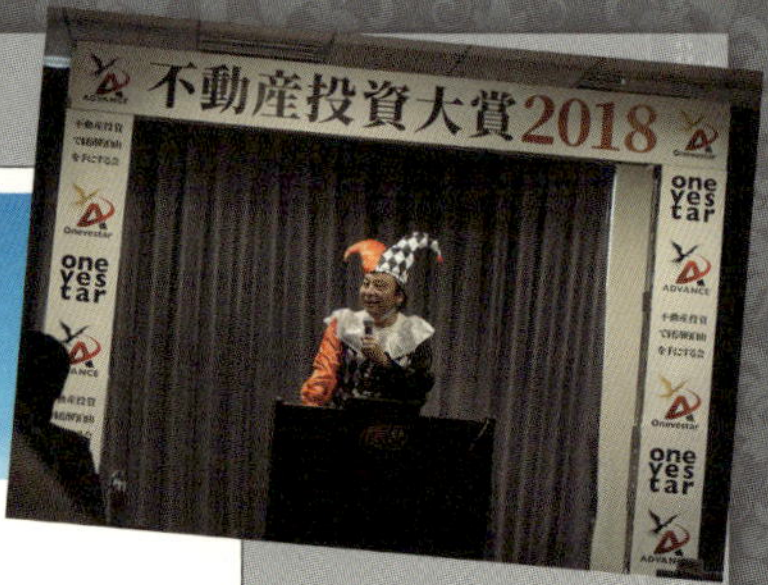

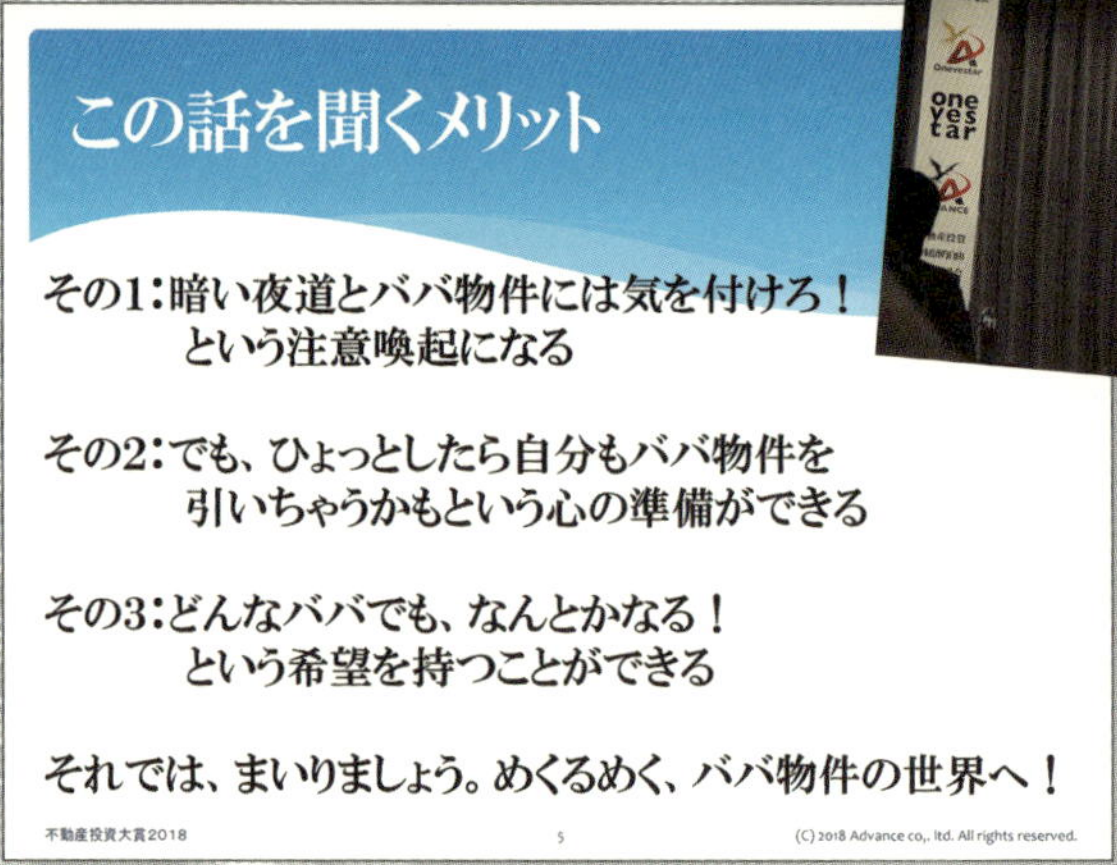
この話を聞くメリット

その1：暗い夜道とババ物件には気を付けろ！
という注意喚起になる

その2：でも、ひょっとしたら自分もババ物件を
引いちゃうかもという心の準備ができる

その3：どんなババでも、なんとかなる！
という希望を持つことができる

それでは、まいりましょう。めくるめく、ババ物件の世界へ！

不動産投資大賞2018　5　(C) 2018 Advance co,. ltd. All rights reserved.

たのがきっかけです。

もちろん意図して、どうしようもない物件を探したり購入しているわけではありません。

『村田式ロケット戦略』の成功のセオリーは、**「地方」、「住居系」、「中古」、「一棟物」、「RC（鉄筋コンクリート）造」。**

以上を軸に、物件選別のための様々な指針が定められています。

これらに沿って厳密に物件を選んだつもりなのに、なぜか「ババ物件」を手にしてしまったり、優良物件がある日、ババ物件に化けてしまうこともあるんです。

これからプレゼンテーションをする私の不動産歴は、「ババ物件」との闘いの歴史です。しかし、不動産投資家の皆さんはもちろん、不動産投資を志す人たちも私の経験から大きく3つのメリットが得られることでしょう。それは――、

その1：暗い夜道と「ババ物件」には気をつけろ！　という注意喚起になる。
その2：「ババ物件」を引いてしまったときの心の準備ができる。

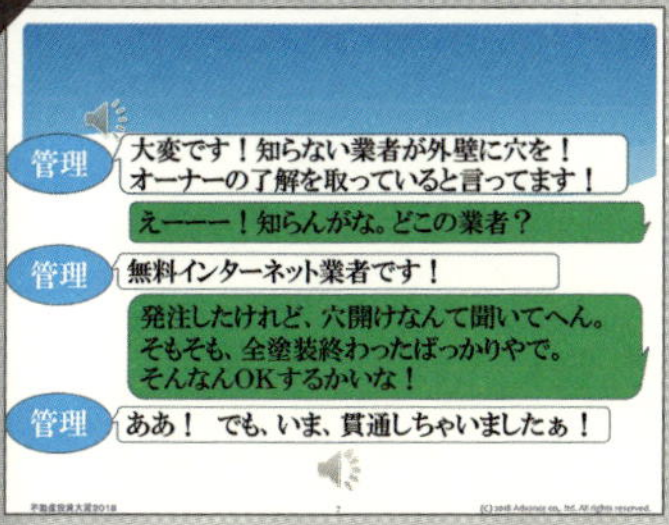
管理
大変です！知らない業者が外壁に穴を！
オーナーの了解を取っていると言ってます！
えーーー！知らんがな。どこの業者？
管理
無料インターネット業者です！
発注したけれど、穴開けなんて聞いてへん。
そもそも、全塗装終わったばっかりやで。
そんなんOKするかいな！
管理
ああ！　でも、いま、貫通しちゃいましたぁ！
不動産投資大賞2018
7
(C)2018 Advance co., ltd. All rights reserved.

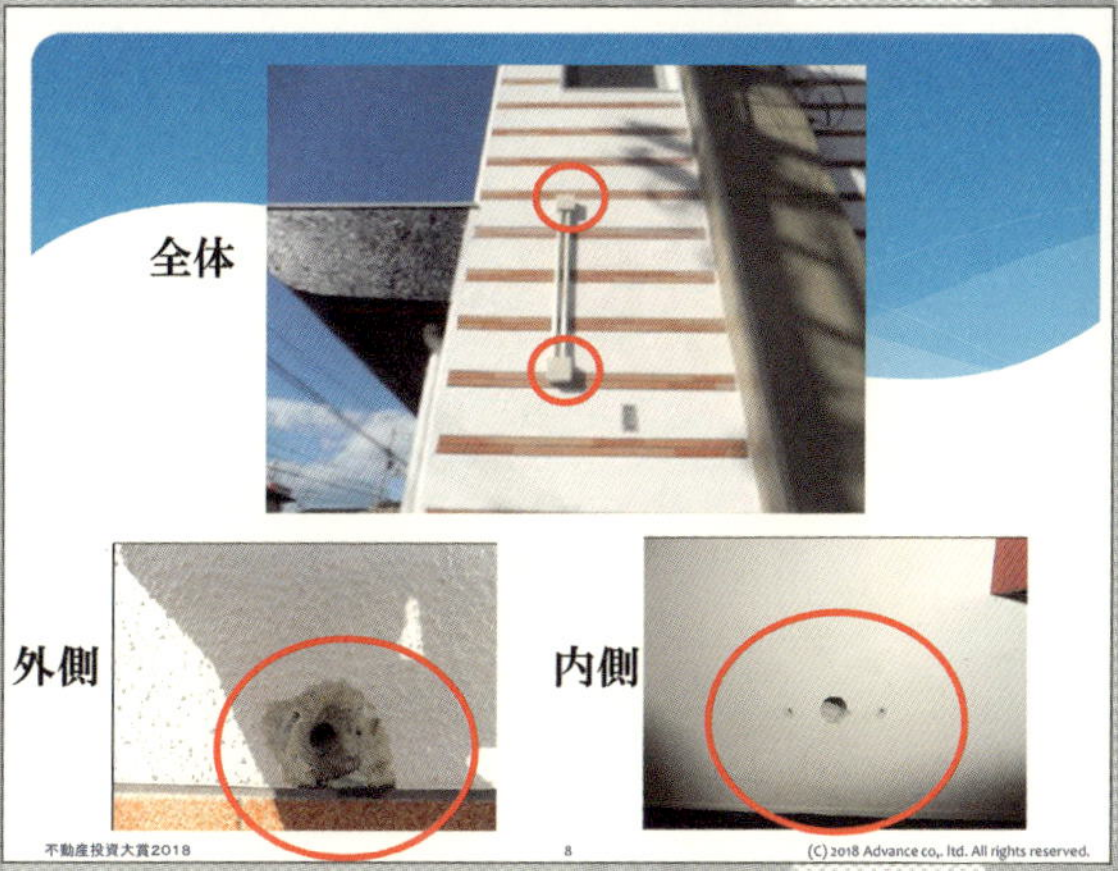
全体
外側
内側
不動産投資大賞2018
8
(C)2018 Advance co., ltd. All rights reserved.

その３：どんな「ババ物件」でもなんとかなる！という希望を持つことができる。

ババは、ジョーカーです。

ジョーカーだからこそ、トラブルを解決した暁には、最強のカードに逆転することもありうるのです。

それでは、まいりましょう。めくるめく、「ババ物件」の世界へ！

ひとつ目の「ババ」は、「穴」

うららかな日曜のある朝。外壁塗装が終わったばかりの物件の管理会社から、突然電話が入りました。

「大変です！　知らない業者さんが外壁に穴を！　オーナーの了解を取っているといっています！」

「えーーっ、知らないよ。どこの業者さん？」

学んだこと
昨日の敵は
今日の友

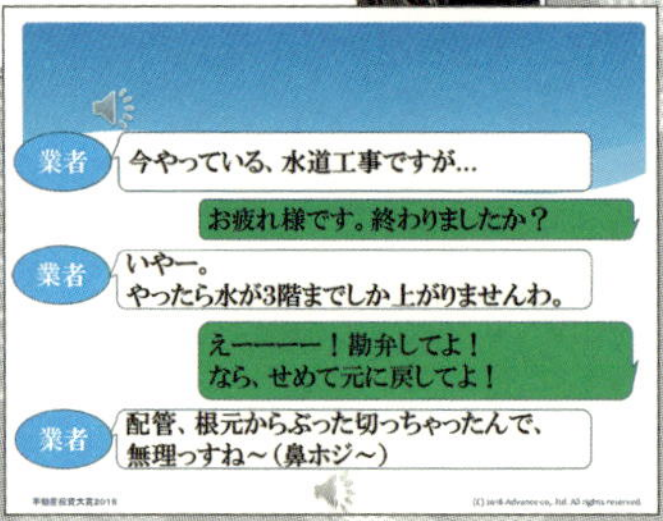
業者
今やっている、水道工事ですが…
お疲れ様です。終わりましたか？
業者
いやー。
やったら水が3階までしか上がりませんわ。
えーーーー！勘弁してよ！
なら、せめて元に戻してよ！
業者
配管、根元からぶった切っちゃったんで、
無理っすね～（鼻ホジ～）
不動産投資大賞2016

順次、各物件に同社のサービスを導入中！

「無料インターネットの業者さんです！」

「いや、発注したけど、穴開けなんて聞いてない。全塗装が終わったばっかりで、OKするわけないよ！」

「ああ！　でも、いま、貫通しちゃいましたぁ！」

前ページが、その写真です。ポッコリと穴が開けられているのがよくわかります。

各階に無料インターネット用の光ファイバーを通す際に、電話線などに使う配管が詰まっていたので、新たに穴を開けてつないだのが、ことの真相でした。

しかも、次の工事予定が押していたのか、ていねいに処理する時間の余裕も無かったようです。

私も怒りましたが、ボロボロだった中古物件の外壁を新築同様に完璧に修繕してくれた、塗装業者さんが一番激怒されていましたね。

私は、「外壁に穴を開ける工事なんて、聞いていないし、聞いてもOKするわけがない」と、無料インターネットのサービス業者さんと粘り強い交渉をしました。

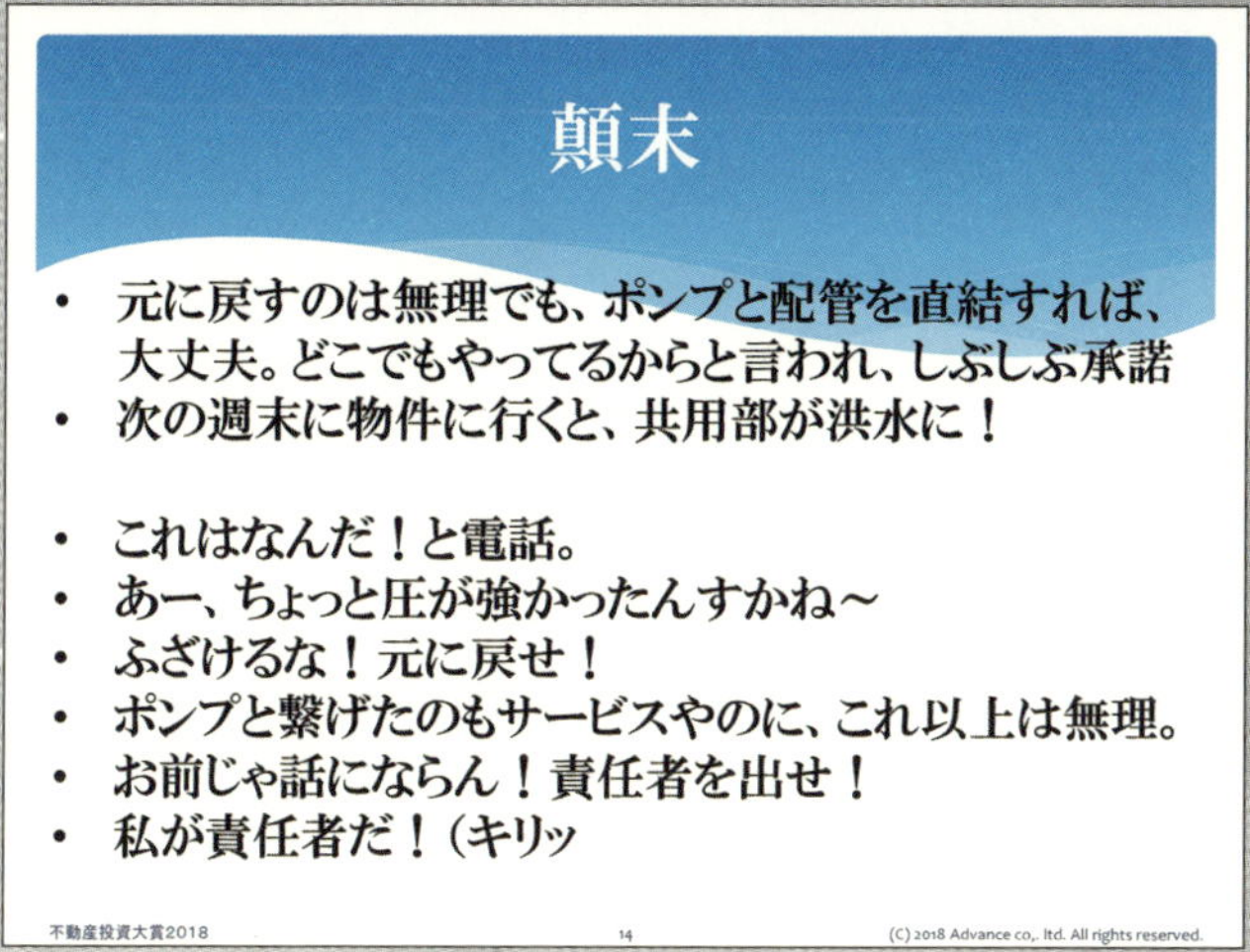
顛末
元に戻すのは無理でも、ポンプと配管を直結すれば、大丈夫。どこでもやってるからと言われ、しぶしぶ承諾
次の週末に物件に行くと、共用部が洪水に！
これはなんだ！と電話。
あー、ちょっと圧が強かったんすかね～
ふざけるな！元に戻せ！
ポンプと繋げたのもサービスやのに、これ以上は無理。
お前じゃ話にならん！責任者を出せ！
私が責任者だ！（キリッ
不動産投資大賞2018
14
(C) 2018 Advance co,. ltd. All rights reserved.

その結果、きちんと穴を修復し、そのあとを目立たなくするべく、片面全部を塗りなおす再塗装代金をお支払いいただけました。

以来、その業者さんとの関係は良好となり、私は順次、所有の各物件に同社のサービスを導入。いまでは、融通を利かせてくれるパートナーとして、重宝しています。

つまり、**「昨日の敵は今日の友」**。ジョーカーが最強のカードになった瞬間です。

「水」という「ババ」に苦しめられる

では、ふたつ目の「ババ」。それは**「水」**です。

購入した5階建てのマンションで、ランニングコスト節約のために、水道の直結直圧という工事をおこないたいと考えました。

でも、どの業者さんも「このエリアは水圧が……」といってしり込みをします。そんななか、「できます！　やらせてください！」

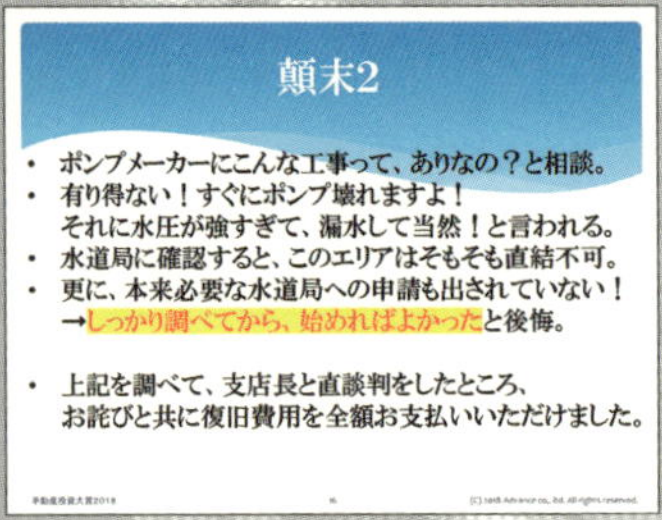
頽末2
ポンプメーカーにこんな工事って、ありなの？と相談。
有り得ない！すぐにポンプ壊れますよ！
それに水圧が強すぎて、漏水して当然！と言われる。
水道局に確認すると、このエリアはそもそも直結不可。
更に、本来必要な水道局への申請も出されていない！
→しっかり調べてから、始めればよかったと後悔。
上記を調べて、支店長と直談判をしたところ、
お詫びと共に復旧費用を全額お支払いいただけました。
不動産投資大賞2018

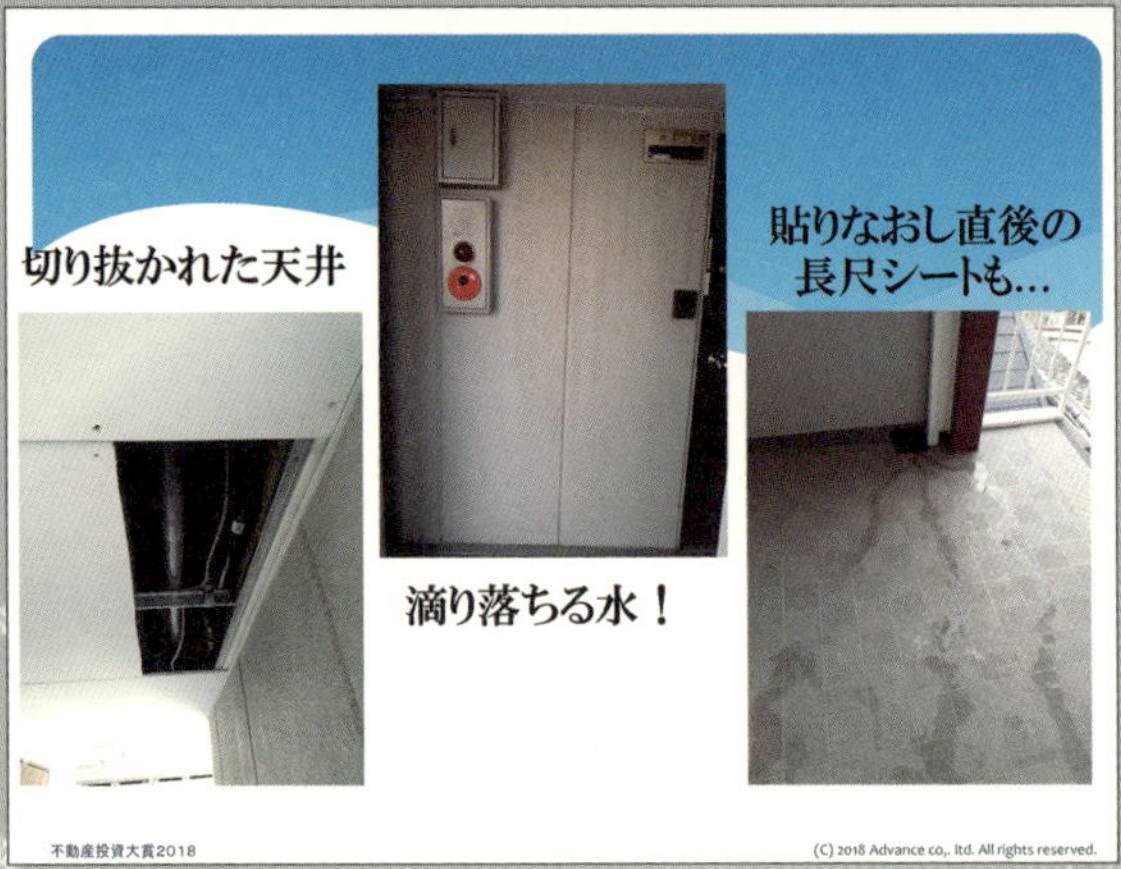
切り抜かれた天井
滴り落ちる水！
貼りなおし直後の
長尺シートも…
不動産投資大賞2018
(C) 2018 Advance co,. ltd. All rights reserved.

という業者さんがいたのです。

立派なホームページもあり、全国展開している会社。コストも予算内。それではと、安心しておまかせすることにしました。

そして、工事当日の夕方。

「いまやってる、水道工事ですが……」

「終わりましたか？」

「いや、現状は、水が3階までしか上がりませんわ」

「えー！　勘弁してよ！　なら、せめて元に戻してよ！」

「いや、配管を根本からぶった切っちゃったので、それは無理です。ポンプと配管を直接つなぐことにしますが、よろしいですか？　どこでもやっているので大丈夫です」

不安を感じて週末に物件に行くと、なんと3階共用部の天井には、大穴！　そこから水がシミ出て、廊下が水浸しに！

「なんだこれは！」と電話したのですが、「配管をつないだのもサービス！　これ以上できない」といわれる始末。

たまりかねて「責任者を出せ！」といったら「私が責任者だ！」と、

いい返され、責任者がこんなことを……、と呆然としました。ちなみに、リアルにこのセリフを聞いたのは、生まれて初めてでした。

前ページ上が、その写真です。この状態で放置。もちろん、こんなふうになったという報告は、作業終了時には一切ありませんでした。

写真ではわかりにくいですが、石灰分が混じっていたようで、壁やシートにも汚れがこびりつき、取れなくなってしまいました。

知り合いのポンプメーカーに「そもそもこんな工事はあり?」と聞くと、即座に「ありえません」と否定。それどころか、「このままだとポンプがすぐに壊れますよ」という警告までもらいました。

水道局に確認すると、このエリアはそもそも水圧が低すぎて私の物件では直結不可なことが判明。これらの情報をもとにおこなった業者さんの担当者との交渉はらちが明かなかったので、関西支店長に直談判すると、なんと話のわかるかたで、私のクレームを即座に了承。修理代金を振り込んでいただきました。

大変でしたが、大事なことを学びました。むやみにコスト削減を考えない。よく調べることが大切。

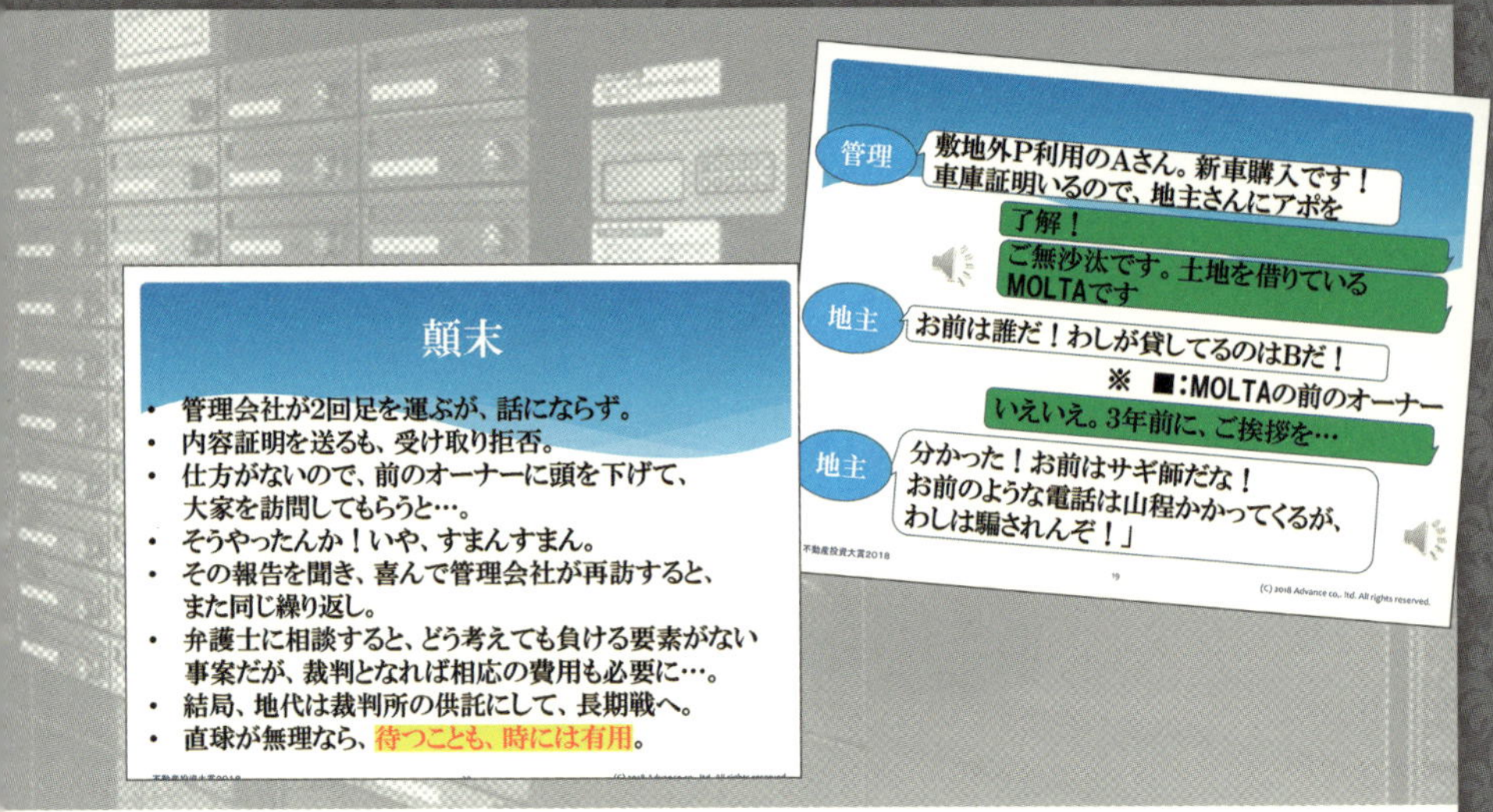
管理
敷地外P利用のAさん。新車購入です！
車庫証明いるので、地主さんにアポを
了解！
ご無沙汰です。土地を借りている
MOLTAです
地主
お前は誰だ！わしが貸してるのはBだ！
※ ■：MOLTAの前のオーナー
いえいえ。3年前に、ご挨拶を…
地主
分かった！お前はサギ師だな！
お前のような電話は山程かかってくるが、
わしは騙されんぞ！」
不動産投資大賞2018
19
(C) 2018 Advance co., ltd. All rights reserved.
顛末
• 管理会社が2回足を運ぶが、話にならず。
• 内容証明を送るも、受け取り拒否。
• 仕方がないので、前のオーナーに頭を下げて、
大家を訪問してもらうと…。
• そうやったんか！いや、すまんすまん。
• その報告を聞き、喜んで管理会社が再訪すると、
また同じ繰り返し。
• 弁護士に相談すると、どう考えても負ける要素がない
事案だが、裁判となれば相応の費用も必要に…。
• 結局、地代は裁判所の供託にして、長期戦へ。
• 直球が無理なら、待つことも、時には有用。

「転ばぬ先の杖《つえ》」の重要性です。「ババ物件」だからこそのいい教訓でした。

3つ目の「ババ」は、「老いた地主さん」

ある日、物件の管理会社の担当者から、電話がかかってきました。

「敷地外パーキングを利用しているAさんが、新車を購入されました。つきましては、車庫証明にハンコがいるので、地主さんに連絡してください」

私はさっそく、電話をしました。

「ご無沙汰です。土地をお借りしているMOLTAです」

「お前は誰だ！　わしが貸しているのはBさんだ」

「いえいえ。BさんからMOLTAが権利を買わせてもらって、3年前に、挨拶もさせていただきました。契約書も交わしていますが……」

「わかった。**お前は詐欺師だな。**だまされんぞ！」

学んだこと
待てば海路の日和あり
不動産投資大賞2018
21
(C) 2018 Advance co,. ltd. All rights reserved.

地主さんは、お年寄りでしたので、直接面談したほうがいいと、管理会社の担当者が直接2回も足を運んだのですが、話にならず、それではと送った内容証明も受け取り拒否。

仕方がないので、前オーナーのBさんに頭を下げて話をしにいってもらうと、地主さんは、「そうだったか、すまん、すまん」。

喜び勇んで翌日、管理会社の担当者がいくと、また話は振り出しに。結局、どうにもならないので、地代を裁判所に供託することに。その後、契約更新日を過ぎても、なしのつぶて。結果、入金がなくてもなにもいってこなかったわけです。

真正面から向き合ってダメなら、待つことも有用。

ここで得られた教訓は、**「待てば海路《かいろ》の日和《ひより》あり」**。

不動産投資には、ガチンコ勝負が通じない相手がいる。そんなときは、少し身をかわすことも大切だということが、わかったのでした。ちなみに、本件、いまは無事、解決しています。

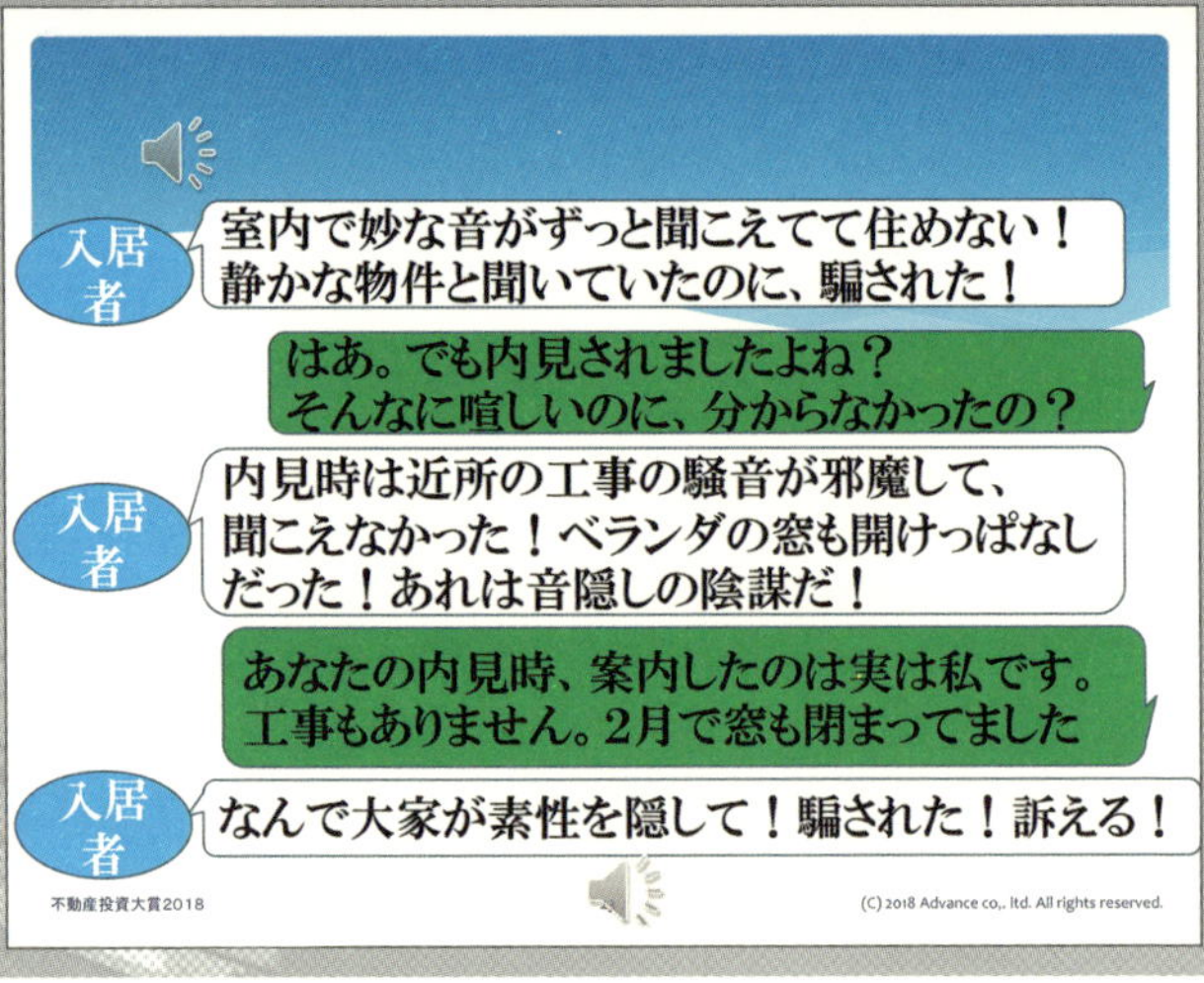
入居者
室内で妙な音がずっと聞こえてて住めない！
静かな物件と聞いていたのに、騙された！
はあ。でも内見されましたよね？
そんなに喧しいのに、分からなかったの？
入居者
内見時は近所の工事の騒音が邪魔して、
聞こえなかった！ベランダの窓も開けっぱなし
だった！あれは音隠しの陰謀だ！
あなたの内見時、案内したのは実は私です。
工事もありません。2月で窓も閉まってました
入居者
なんで大家が素性を隠して！騙された！訴える！
不動産投資大賞2018
(C) 2018 Advance co,. ltd. All rights reserved.

4つ目の「ババ」は、「裁判」

完全にやばくなってきました。いきなり、入居者から訴えられたんです。

「室内に響く音がうるさくて、引っ越し直後から一度も部屋で寝ていない！　静かな物件と聞いていたのに、これはなんだ！」

「内見のときは、気にならなかったのですか？」

「内見時はベランダの窓が空きっぱなしで、近所の工事の騒音が邪魔していた。あれは、音隠しの陰謀だ！」

「内見で、室内を案内したのは私です。工事もなかったし、寒い2月なので窓を開けてるわけがないですよ」

このひとことがよくなかったのでしょうか。

「なんで大家が仲介業者の真似事を！　だまされた！」

これがトラブルのきっかけでした。

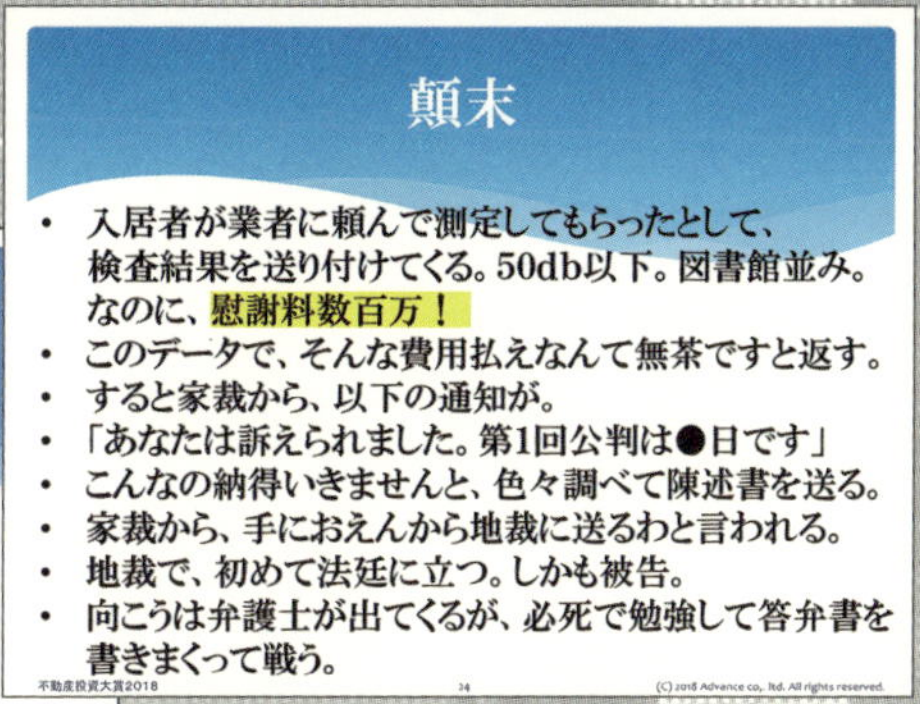
顛末
• 入居者が業者に頼んで測定してもらったとして、検査結果を送り付けてくる。50db以下。図書館並み。なのに、慰謝料数百万！
• このデータで、そんな費用払えなんて無茶ですと返す。
• すると家裁から、以下の通知が。
• 「あなたは訴えられました。第1回公判は●日です」
• こんなの納得いきませんと、色々調べて陳述書を送る。
• 家裁から、手におえんから地裁に送るわと言われる。
• 地裁で、初めて法廷に立つ。しかも被告。
• 向こうは弁護士が出てくるが、必死で勉強して答弁書を書きまくって戦う。
不動産投資大賞2018
(C) 2018 Advance co., ltd. All rights reserved.

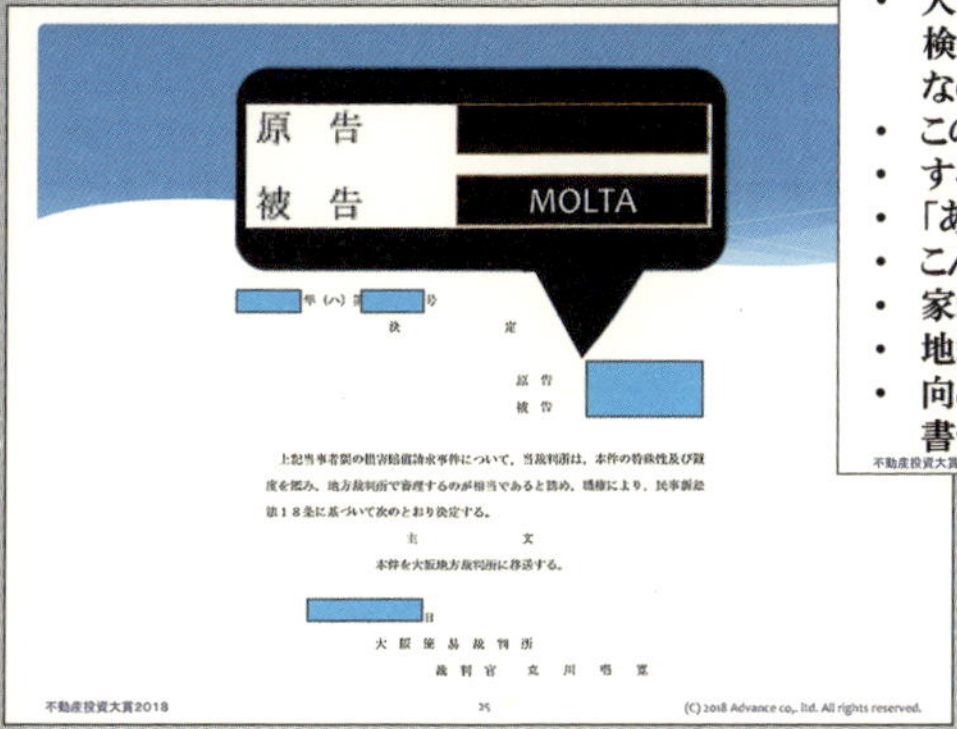
原　告　[redacted]
被　告　MOLTA
決　定
原告
被告
上記当事者間の損害賠償請求事件について、当裁判所は、本件の特殊性及び難度を鑑み、地方裁判所で審理するのが相当であると認め、職権により、民事訴訟法18条に基づいて次のとおり決定する。
主　文
本件を大阪地方裁判所に移送する。
大阪簡易裁判所
裁判官
不動産投資大賞2018
(C) 2018 Advance co., ltd. All rights reserved.

その後、入居者が、業者さんに頼んで測定してもらった検査結果を送ってきたのですが、50dB以下と図書館並み。なのに、慰謝料として数百万円払えというのです。

「このデータで、そんな費用払えなんて、無茶です！」と返すや、訴えられてしまいました！

最初は家庭裁判所でしたが、内容が複雑だとして地方裁判所へ送致。そこで**生まれて初めて、法廷に立つことになりました。なんと！　被告側で。**

訴えの内容は、ホテル代、引っ越し代、慰謝料その他で、約300万円を払えというもの。ちなみに相手は出てきません。全部、弁護士まかせ。こちらは意地で、自分で文献を調べまくって答弁書を何通も書きました。

——足掛け3年で、担当の裁判官が異動。後任の裁判官曰く、「大家さんも大変ですよね。うちの親戚にも大家さんがいるので、ご苦労はわかります。これまでの記録も拝見しました。お疲れでしょう

ちょっと、やってみたかったこと
勝訴!!
不動産投資大賞2018
27
(C) 2018 Advance co., ltd. All rights reserved.
学んだこと
為せば成る
不動産投資大賞2018
29
(C) 2018 Advance co., ltd. All rights reserved.

し、そろそろ和解したらいかがですか？」

悩みましたが、それまでの担当の裁判官が、どちらかといえば事務的な対応だったのに対し、今度の裁判官のソフトな口調にほだされたこともあり、「こちらが納得できるのは、礼金と敷金の返金まで。約10万円です。それ以上要求されるのなら、応じられません」と告げました。

裁判官は苦笑しながら、その条件で話をまとめてみるといってくれました。完全勝訴を求めたかったけれど、もう面倒くさくなってきたこともあり応諾しました。ほどなく先方も折れてきて一件落着。

本件、解決までには、それなりの時間と費用、そしてプレッシャーもかかりました。

でも私は、最少の金額で、めったに得られない経験をさせてもらったことに感謝しました。人生なんでも勉強です。次に入った人は、機嫌よく3年住んでくれましたし。

さて、この一件の教訓は、**「為《な》せば成《な》る」。**

大変なことがあろうと、明日を信じて精一杯に生きることで、なんとかなるということですよね。

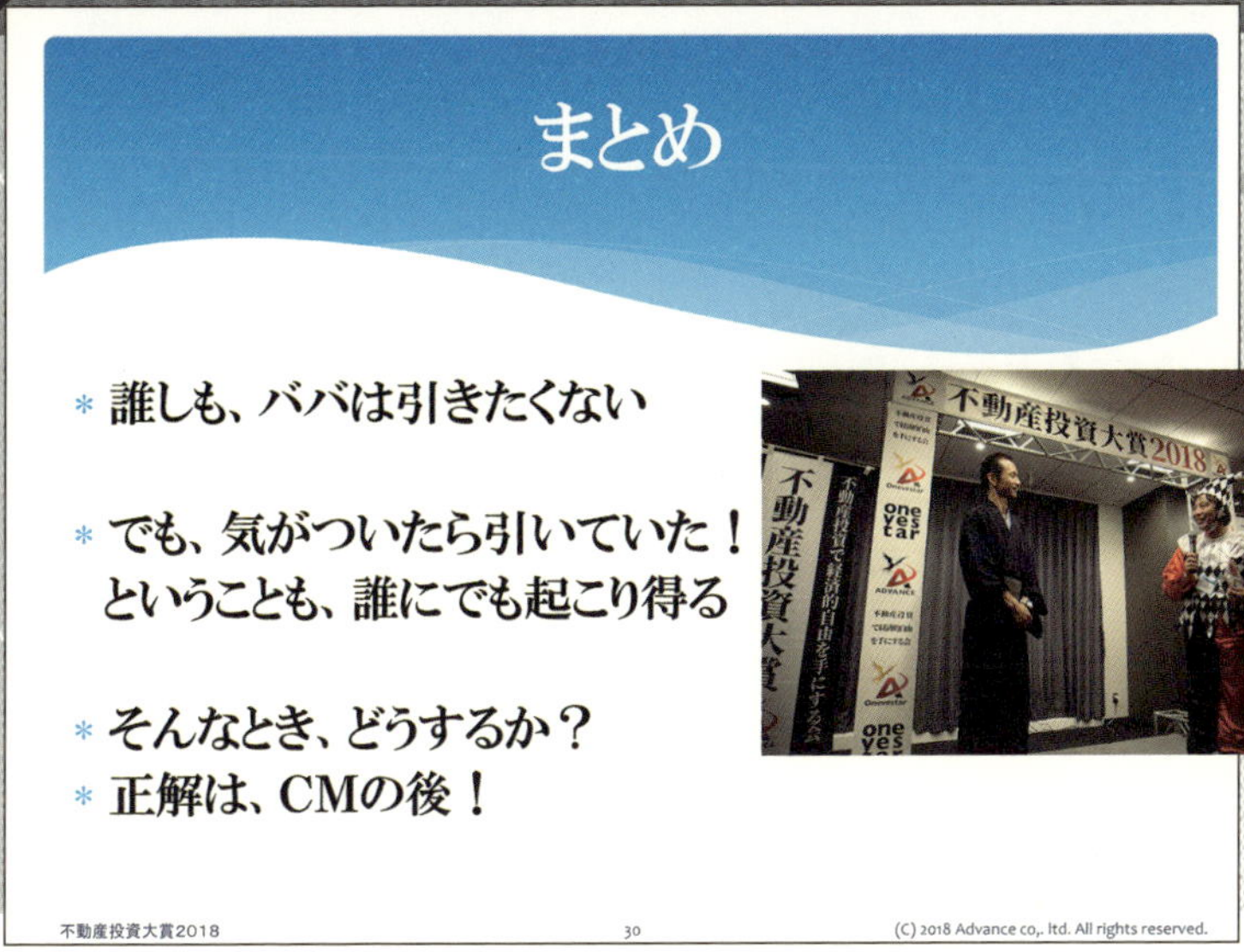
まとめ
＊ 誰しも、ババは引きたくない
＊ でも、気がついたら引いていた！
ということも、誰にでも起こり得る
＊ そんなとき、どうするか？
＊ 正解は、CMの後！
不動産投資大賞2018
不動産投資大賞2018
30
(C) 2018 Advance co,. ltd. All rights reserved.

ではまとめましょうか。

「ババ物件」は、宝の山！

誰しも、「ババ物件」はつかみたくないはずです。でも、気がついたら「ババ物件」だったということも、起こりうるんです。

そんなとき、どうすればいいのか。

答えは、ポジティブに立ち向かう。

「ババ物件」は、不動産経営ノウハウの塊。じつは宝の山なのです。トラブルを解決させれば、その経験は、「最強のカード」として生まれ変わります！

実際、解決するまで、心中は複雑です。苦になることも多いのは事実。でも、どんな「ババ物件」でも、解決を諦めたら、そこで試合終了なんです。

数ある「ババ物件」に立ち向かった私は、物件を育てたことにな

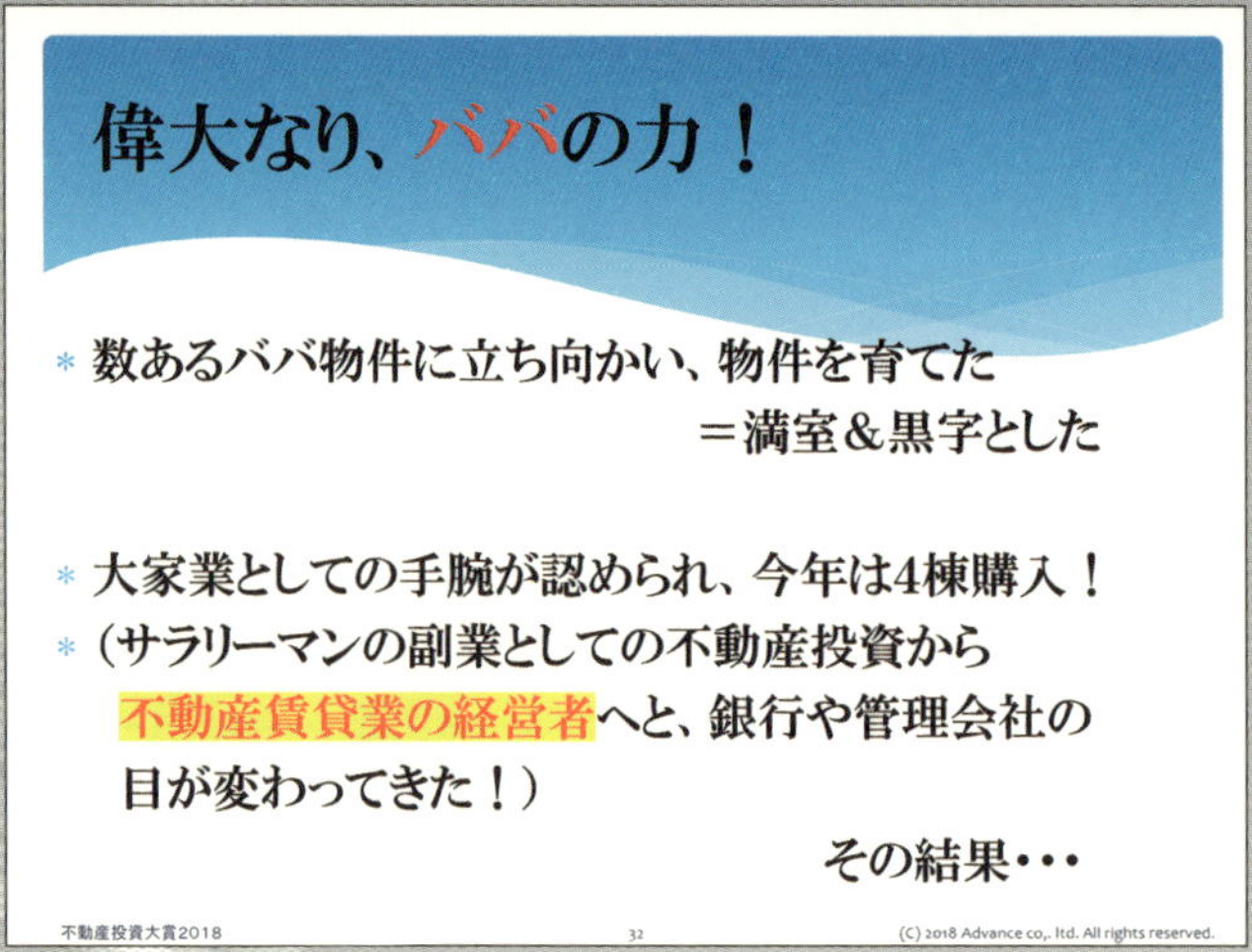
偉大なり、ババの力！
数あるババ物件に立ち向かい、物件を育てた
＝満室＆黒字とした
大家業としての手腕が認められ、今年は4棟購入！
（サラリーマンの副業としての不動産投資から
不動産賃貸業の経営者へと、銀行や管理会社の
目が変わってきた！）
その結果・・・
不動産投資大賞2018
32
(C) 2018 Advance co,. ltd. All rights reserved.

ります。それはつまり、**トラブルを解決し「満室&黒字化」を果たした大家としての手腕です。**

そのころから銀行や管理会社の見る目が、**「サラリーマンの副業としての不動産投資家」**から、「プロの不動産経営者」へと変わってきたことに気がつきました。

結果、その実力が認められ、**2018年は4棟購入！　しかも、すべてフルローンです。**

来春には、サラリーマンを卒業します！

私は、晴れて、〝ワンベスター〟へ！

「ババ物件」を引く可能性は、誰にでもあるのです。しかし、私は自分の経験から、〝日日是好日《にちにちこれこうじつ》〟の心意気でがんばれば、必ずや道はひらけると思っています。

トラブルを解決した経験が、不動産投資家をひと回りもふた回りも成長させてくれる。

私は、そう信じています。

受賞のことば

会のメンバーのなかでも強者が並び立つ会場でしたが、少しでもこのビジネスの楽しさを伝えることができるよう頑張りました！　初の『不動産投資大賞』で２位の栄冠を勝ち取れたことは望外の喜びです！　プレゼンターに選んでくださり、リハーサルも含めて指導をしていただいた村田代表、トレーナー陣の皆さん、ライバルにもかかわらず種々《しゅじゅ》の改善コメントをいただけたプレゼンターの皆さんに感謝したいと思います。そして、笑って聞いてくれた会場の方々、「ババ物件」との闘いでつねに私を支えてくれたトレーナーの宮川さん、最後に妻へ、ありがとう！　心をこめて。

不動産投資大賞 2018

『不動産投資大賞』第3位

『家族プレゼンで不動産投資』／大吉一平さん

Profile

46歳。兵庫県在住。専業大家、アルバイター。
趣味は、マラソン(にするつもり)。
不動産投資歴：約8年
『不動産投資で経済的自由を手にする会』への入会：2015年10月
所有物件の棟数：5棟／戸数：63戸
年間家賃収入：3000万円／総投資額：約2億5000万円

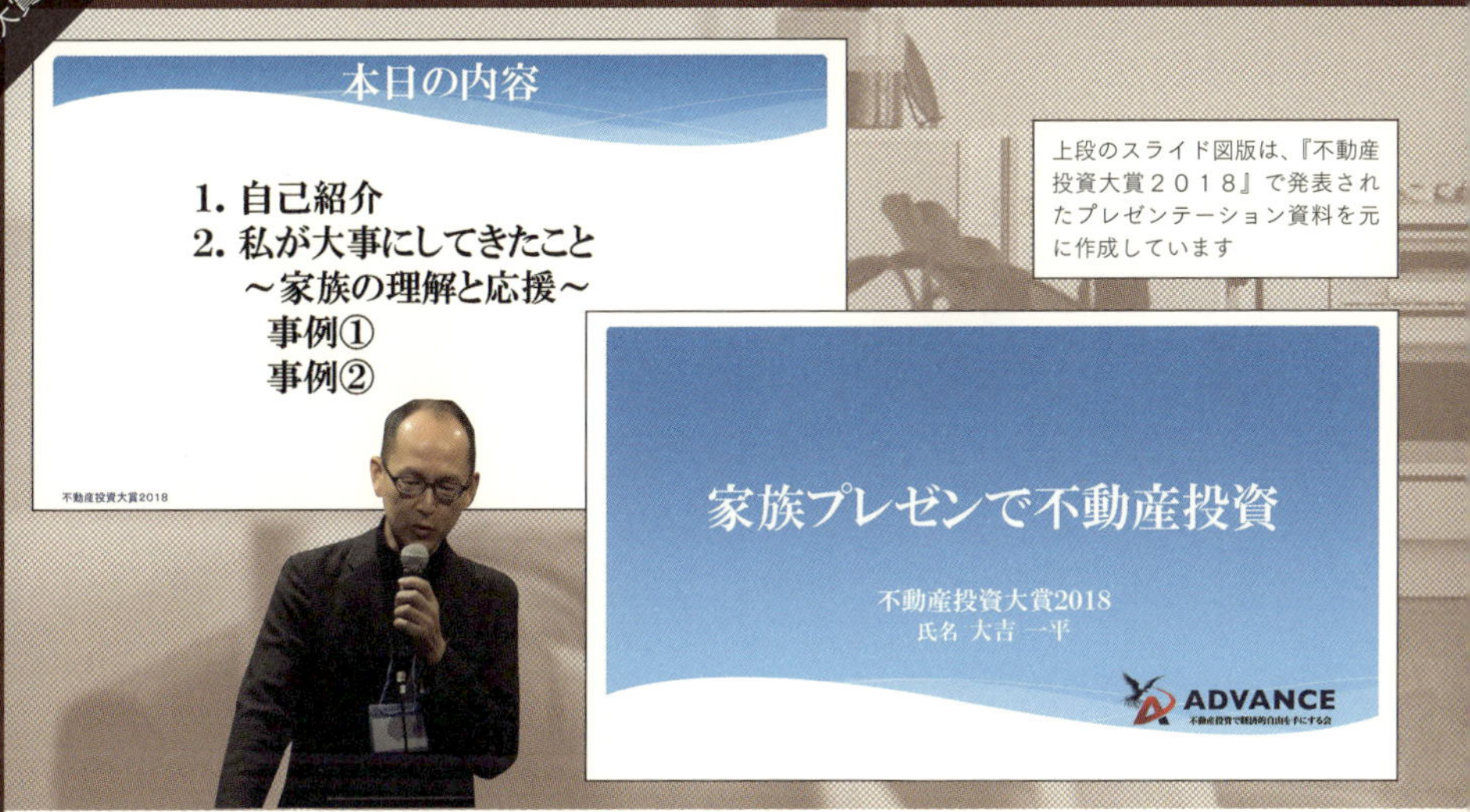
本日の内容
1. 自己紹介
2. 私が大事にしてきたこと
～家族の理解と応援～
事例①
事例②
不動産投資大賞2018
家族プレゼンで不動産投資
不動産投資大賞2018
氏名 大吉 一平
ADVANCE

上段のスライド図版は、『不動産投資大賞２０１８』で発表されたプレゼンテーション資料を元に作成しています

私が大事にしてきたこと

不動産投資をするうえで、私がもっとも大事にしてきたこと。
それは、妻と2人の娘の理解と応援です。

不動産投資をする場合、家族から反対されるケースも少なくないと聞きます。

銀行から億単位の借金をする可能性が高いのですから、投資する本人も怖いですが、さらに家族に理解を得るとなると、なかなかい出しにくいものでしょう。

しかし私は、逆でした。

自分の気持ちを先に家族に伝え、家族からの理解と応援を得ることに意識をフォーカスする。そのことで、壁を越えられたと思うのです。

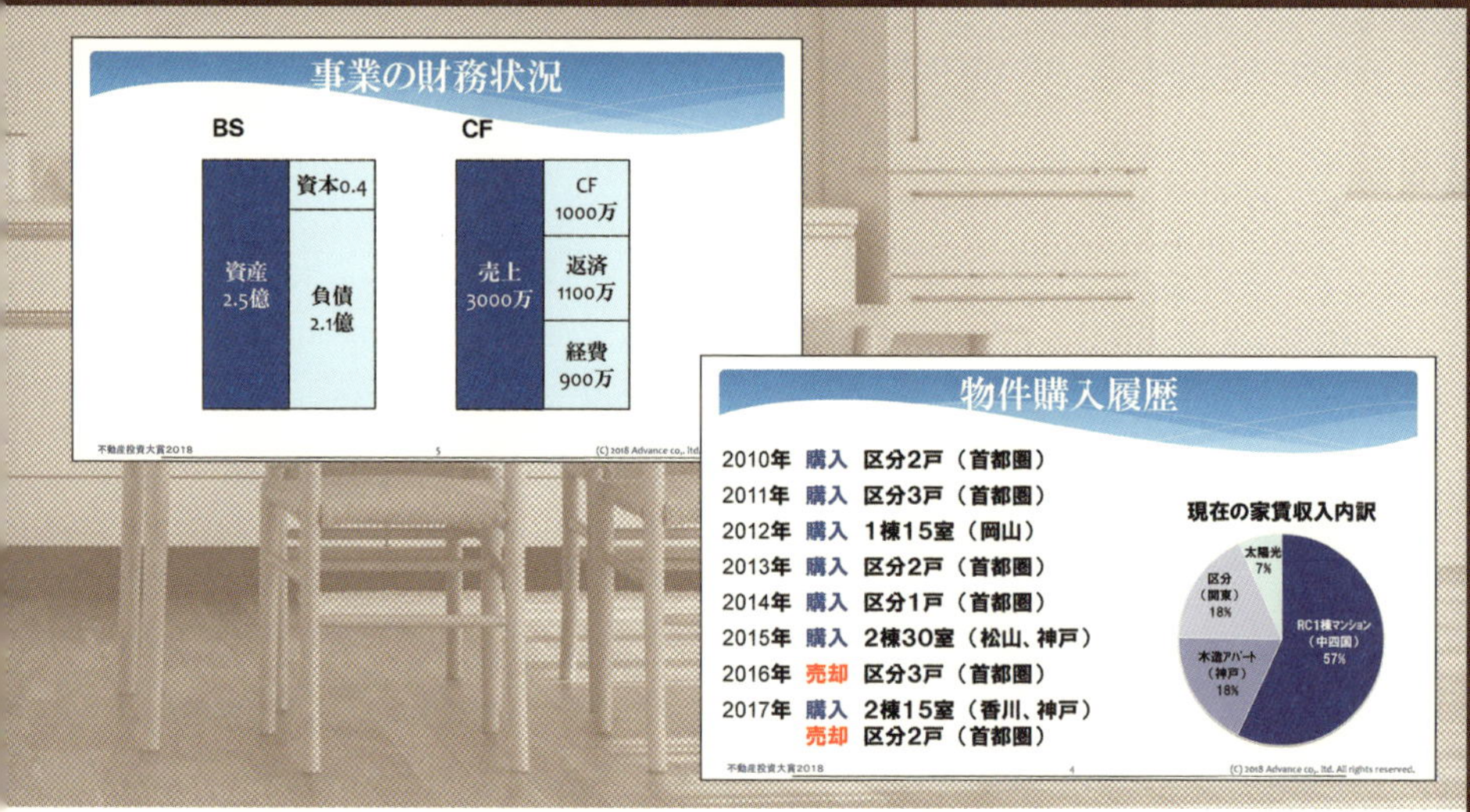

私は、22歳から45歳まで、2つの会社でサラリーマンをやってきました。23年間の会社員生活でした。

45歳で、サラリーマンを引退。プロの不動産投資家として、デビューしましたが、私の不動産投資歴は、以下のとおりです。

2010年：首都圏で、区分マンション2戸を購入
2011年：首都圏で、区分マンション3戸を購入
2012年：岡山県岡山市で、1棟15戸を購入
2013年：首都圏で、区分マンション2戸を購入
2014年：首都圏で、区分マンション1戸を購入
2015年：愛媛県松山市、兵庫県神戸市で、2棟30戸を購入
2016年：首都圏の区分マンション3戸を売却
2017年：香川県香川市、兵庫県神戸市で、2棟15戸を購入
同　年：首都圏の区分マンション2戸を売却

2010年、区分マンション購入でスタートしたのが、私の不動産投資なのですが、2012年初めて一棟もののマンションを購入します。

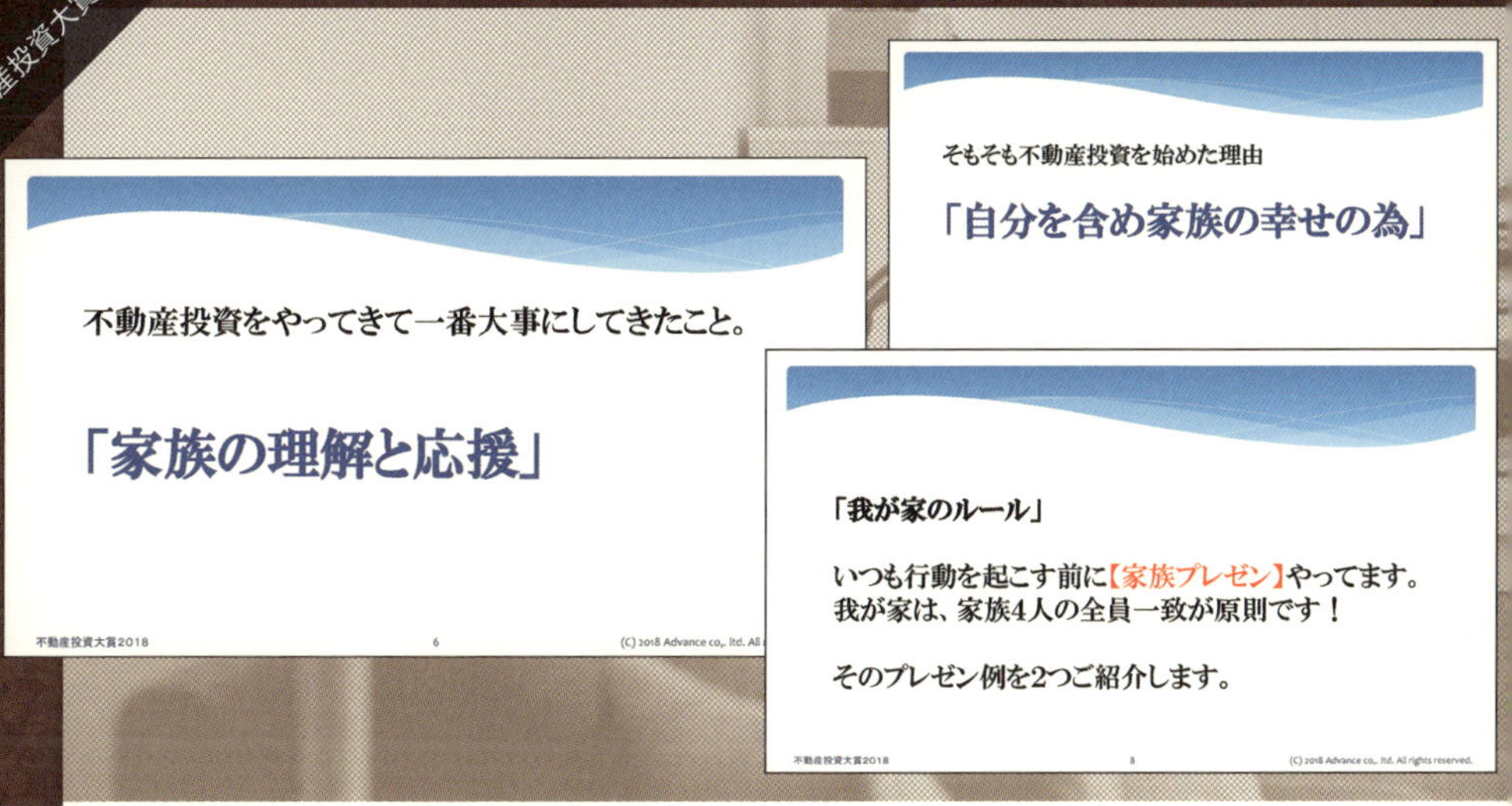
不動産投資をやってきて一番大事にしてきたこと。
「家族の理解と応援」
不動産投資大賞2018
6
(C) 2018 Advance co,. ltd. All
そもそも不動産投資を始めた理由
「自分を含め家族の幸せの為」
「我が家のルール」
いつも行動を起こす前に【家族プレゼン】やってます。
我が家は、家族4人の全員一致が原則です！
そのプレゼン例を2つご紹介します。
不動産投資大賞2018
8
(C) 2018 Advance co,. ltd. All rights reserved.

『不動産投資で経済的自由を手にする会』に入会したのは、2015年。その後3年間で4棟を購入したのです。**年間家賃収入、いわゆる売上は3000万円。年間の返済額は1100万円、年間経費は900万円ですから、キャッシュフローは1000万円となります。**

『不動産投資で経済的自由を手にする会』のファーストステージをやっと突破したというところです。

冒頭でも述べましたが、不動産投資をやってきて、もっとも大事にしてきたのは、家族の理解と応援です。

そもそも不動産投資を始めた理由は、「自分を含めた家族の幸せのため」です。

私は、それを果たすために、**「我が家のルール」**を作りました。

そのルールは、行動を起こす前に**『家族プレゼン』**をおこなうこと。すべての投資は、妻とふたりの娘にプレゼンテーションをし、家族4人の全員一致を原則とする、というゲートを設けたのです。

今回は、そのプレゼン例を2つご紹介します。

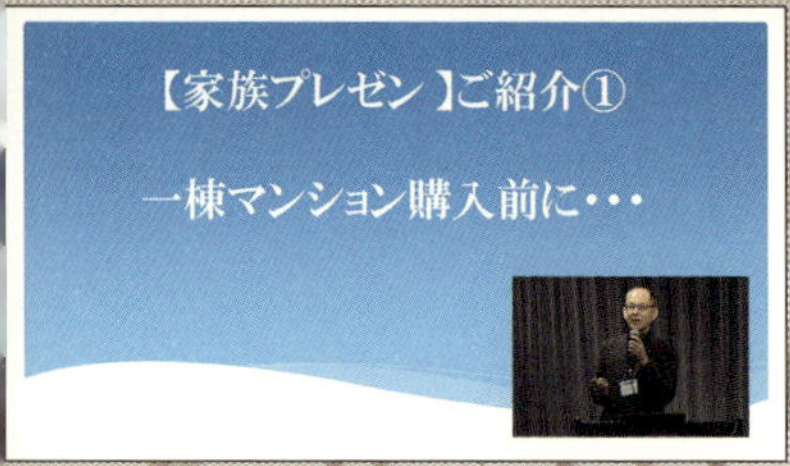
【家族プレゼン 】ご紹介①
一棟マンション購入前に・・・

今回のテーマは
愛媛県松山市で
マンションを
8800万円で買うつもり。
です。
不動産投資大賞2018

現在の事業の状況①　～順調です！～
【A】東京・横浜　マンション8室
稼ぎ
160万円
【B】岡山　マンション15室
稼ぎ
120万円
【C】和歌山　太陽光発電所
稼ぎ
100万円
合計すると
稼ぎ　380万円
不動産投資大賞2018
12
(C) 2018 Advance co,. ltd. All rights reserved.

2棟目、愛媛県のマンションの場合

私は、区分マンションからスタートしたのですが、2012年にスルガ銀行の融資を得て、1棟を購入。もちろんそのときにも家族プレゼンしました。

しかし、私が印象に残っているのは、2015年に2棟目を購入したときのプレゼンテーションです。

物件は、愛媛県松山市のマンション。8800万円で購入する予定でした。

私は、上のスライドのとおり、自分の年間キャッシュフローから、家族に説明します。

【A】：東京、横浜の区分マンション8戸＝160万円。
【B】：岡山の1棟15戸＝120万円。

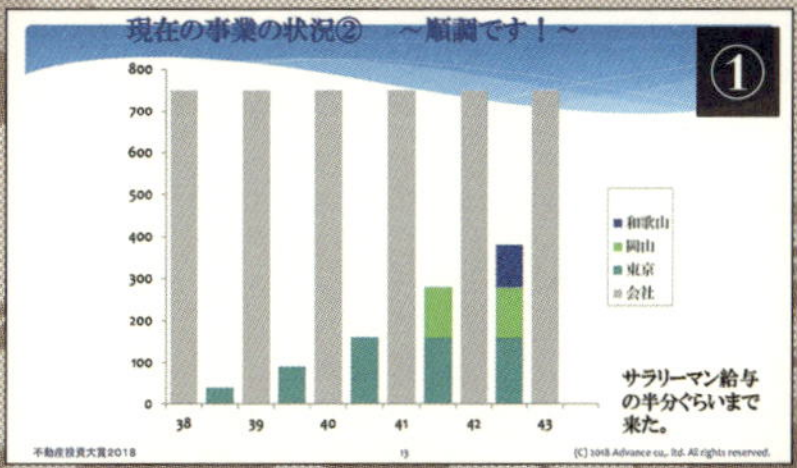
①
現在の事業の状況②　～順調です！～
800
700
600
500
400
300
200
100
0
38
39
40
41
42
43
和歌山
岡山
東京
会社
サラリーマン給与の半分ぐらいまで来た。
不動産投資大賞2018
13
(C) 2018 Advance co., ltd. All rights reserved.

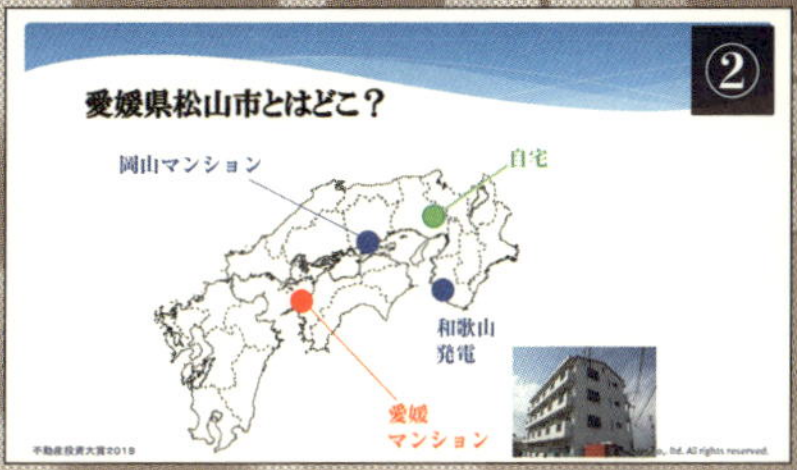
②
愛媛県松山市とはどこ？
岡山マンション
自宅
和歌山発電
愛媛マンション
不動産投資大賞2018

③
愛媛物件を買った後は・・・①
【A】東京・横浜　マンション8室
稼ぎ
160万円
【B】岡山　マンション15室
稼ぎ
稼ぎ　580万円
【C】和歌山　太陽光
稼ぎ
100万円
【D】愛媛　マンション24室
稼ぎ
200万円
不動産投資大賞2018
15
(C) 2018 Advance co., ltd. All rights reserved.

【C】：和歌山県の太陽光発電所＝100万円。

合計で、年間380万円です。

そのときにパソコンでのプレゼンテーションで使ったのが、上のスライド①～③です。

①は、縦軸がサラリーマンとしての年俸、横軸が年齢です。

「現状、サラリーマンとして手にする給与の半分くらいまできたんだ」と家族にいいました。

もちろん、②の地図と写真で、物件と位置を説明。

そして、愛媛県のマンションで、どれほどのキャッシュフローがあるかを上のスライド③で、解説したのです。

新しいマンション投資で得られる収益は、年間230万円。

ここで大事だったのは、次のページ上のスライド④で、サラリーマンとして稼ぐ給料にもうすぐで同額というところまでたどり着いたということです。

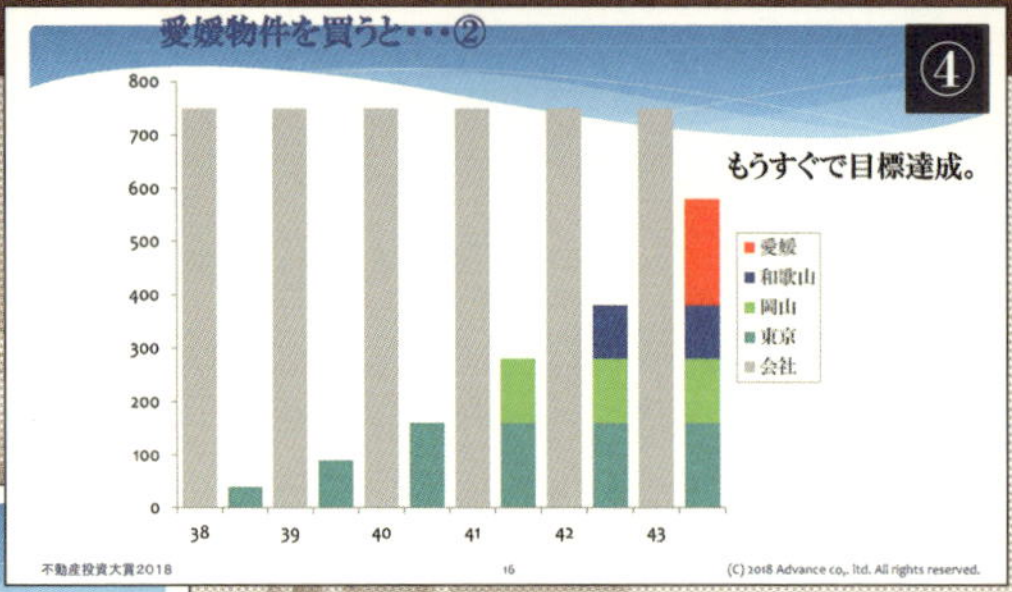
愛媛物件を買うと・・・②
④
もうすぐで目標達成。
800
700
600
500
400
300
200
100
0
38
39
40
41
42
43
愛媛
和歌山
岡山
東京
会社
不動産投資大賞2018
16
(C) 2018 Advance co,. ltd. All rights reserved.

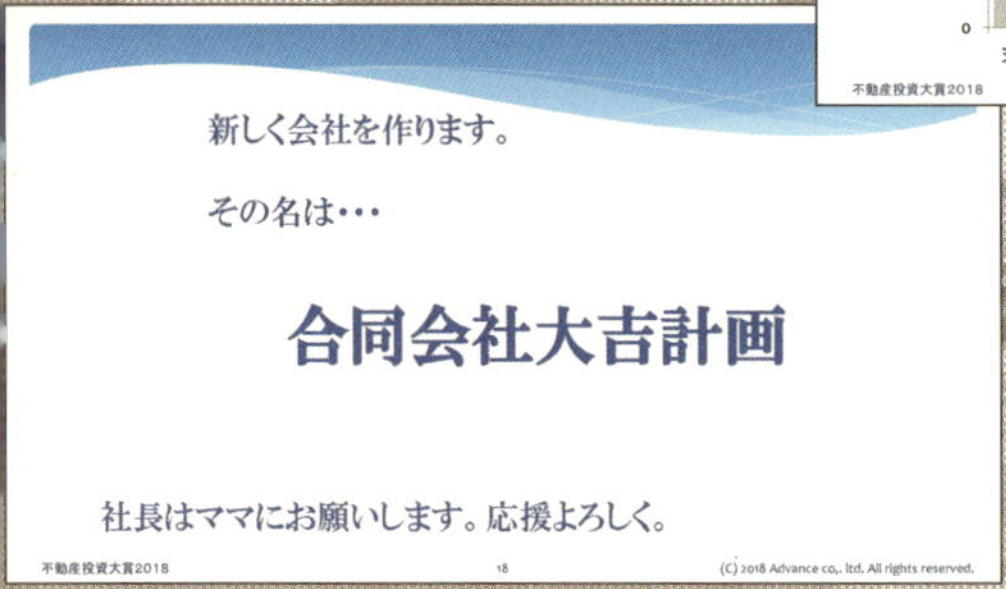
新しく会社を作ります。
その名は・・・
合同会社大吉計画
社長はママにお願いします。応援よろしく。
不動産投資大賞2018
18
(C) 2018 Advance co,. ltd. All rights reserved.

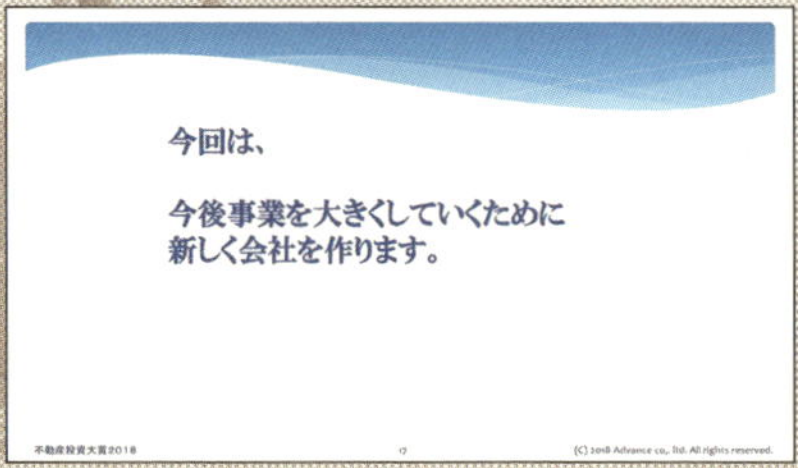
今回は、
今後事業を大きくしていくために
新しく会社を作ります。
不動産投資大賞2018
17
(C) 2018 Advance co,. ltd. All rights reserved.

私は家族に宣言していました。

「サラリーマンと同額が稼げるようになったら、不動産投資家として独立する」と。

そのために必要なのが、会社経営。合同会社設立（詳細は、村田幸紀氏と『不動産投資で経済的自由を手にする会』パートナーである公認会計士・はたなか かずまさ氏との共著『村田式ロケット戦略　家賃収入が1億円になる不動産投資の神ワザ』宝島社をご一読ください）を心に決めたのです。

私は、続けてこういいました。

「今後事業を大きくしていくために、新しく会社を作ります。その名は、**『合同会社大吉計画』。社長はママにお願いします。**応援よろしく！」

家族が賛成をしてくれて、**8800万円のマンション購入が、決まりました！**

会社を退職するときも『家族プレゼン』

次に印象に残っているのは、会社を退職し、不動産投資家として独立するときです。

パソコンで家族に示したのが、次のページスライド⑤。お金と時間の関係です。

私は、自分の人生のなかで、時間の使い方が大事だと思っています。一例として、「普通サラリーマン」という言葉を使って、多くのサラリーマンが、お金を稼ぐことだけに時間を割いている現実を表現しました。

私の理想は、スライド⑤「パパの理想」です。

楽しんで稼ぐ時間を増やし、稼ぐために働く時間を少なくする。そのために必要な収入が、不動産と太陽光発電から得られる不労所得でした。

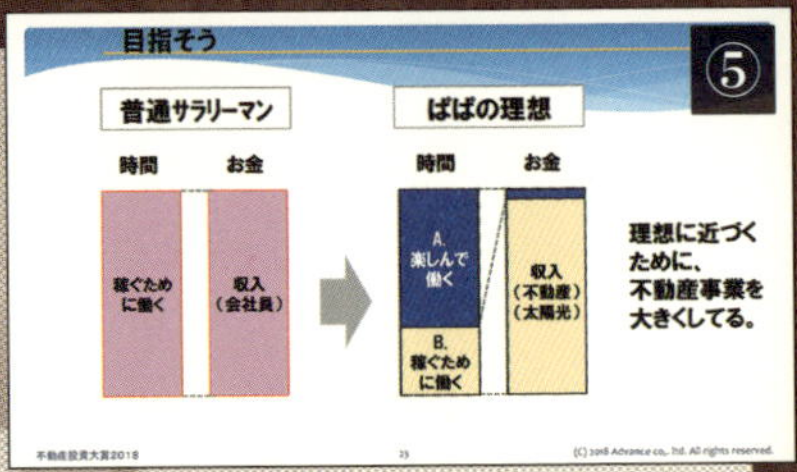

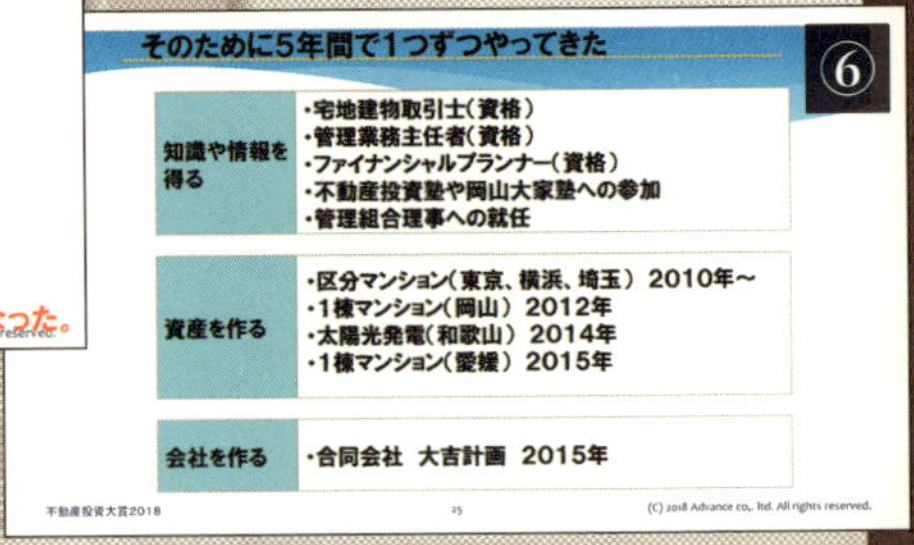

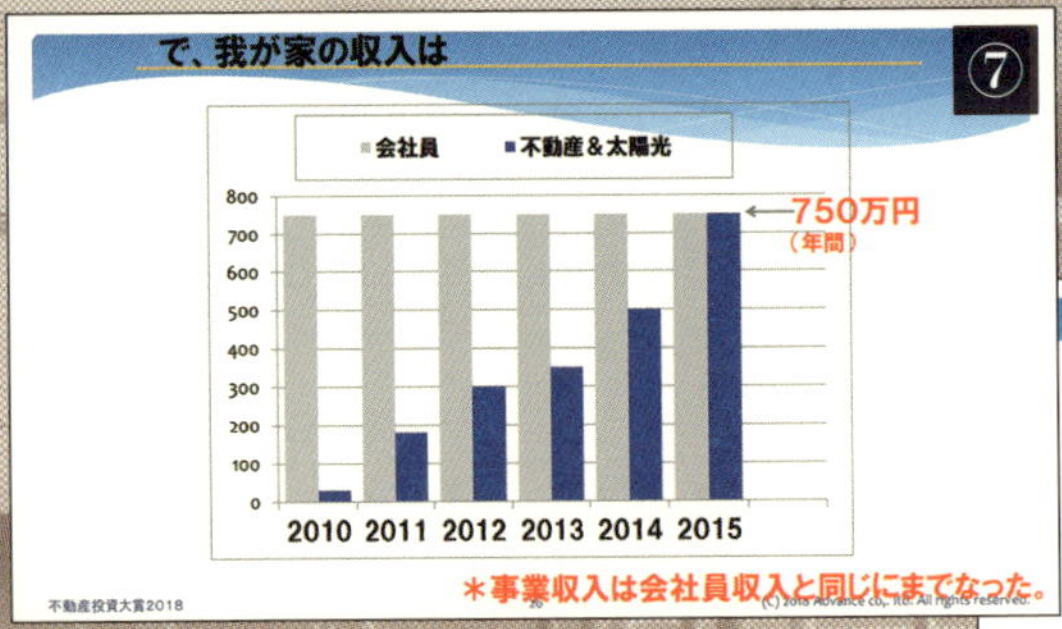

そして、不労所得が会社員としての給料を越えたときは、会社を退職して独立する。

当時の年俸は、750万円。

2015年、やっと、サラリーマンとしての年俸に投資家としてのキャッシュフローが、届いたのです。

私がそのために、2010年から1年ごとにやってきたことを、スライド⑥のかたちで示しました。

知識や情報を得る

・宅地建物取引士（資格）
・管理業務主任者（資格）
・ファイナンシャルプランナー（資格）
・不動産投資塾や岡山大家塾への参加
・管理組合理事への就任

資産を作る

今回の学校の目的は、

知識や情報を得る	・宅地建物取引士（資格） ・管理業務主任者（資格） ・ファイナンシャルプランナー（資格） ・不動産投資塾や岡山大家塾への参加 ・管理組合理事への就任 ・リフォームや建築技術を習う　←これです
資産を作る	・区分マンション（東京、横浜、埼玉） 2010年～ ・1棟マンション（岡山） 2012年 ・太陽光発電（和歌山） 2014年 ・1棟マンション（愛媛） 2015年 ・1棟マンション（香川） 2015年
会社を作る	・合同会社　大吉計画　2015年

不動産投資大賞2018　32　

・区分マンション（東京、横浜、埼玉）　2010年～
・1棟マンション（岡山）　2012年
・太陽光発電（和歌山）　2014年
・1棟マンション（愛媛）　2015年

会社を作る

・合同会社　大吉計画　2015年

そして事業収入が、750万円と同額になったことを図⑦で示します。

だから「やめます。会社員」と私は宣言しました。

「心配や不安もあるでしょうが、家族のみんなが気持ちで応援してくれれば、パパは頑張れるし、絶対にうまくいきます」

さらに、**人生設計**を語りました。

「パパは、会社を退職した後に、学校に行きます！」

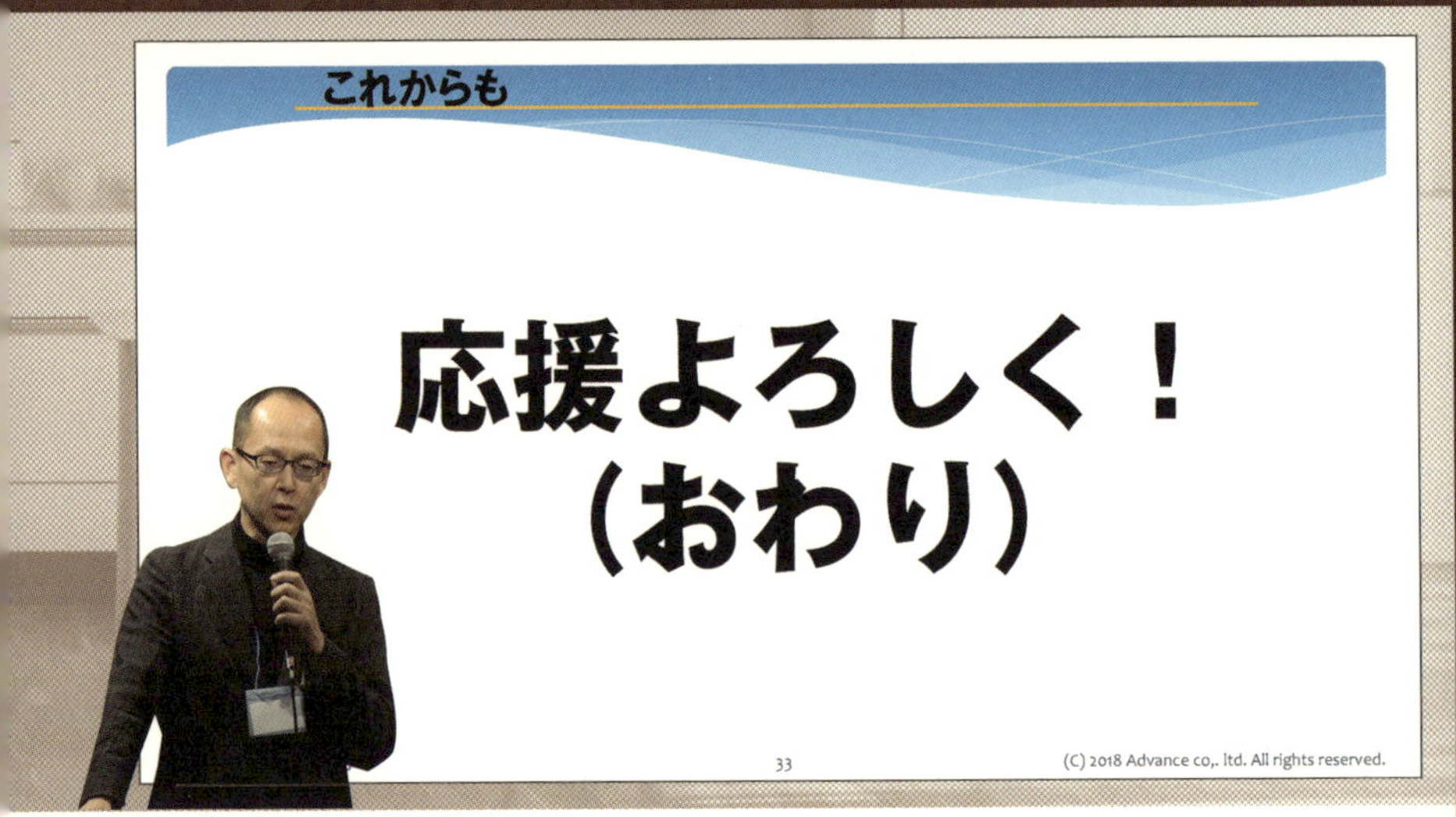
これからも
応援よろしく！
（おわり）
33
(C) 2018 Advance co,. ltd. All rights reserved.

前ページ上のスライドのとおり、『知識や情報を得る』という項目に、「リフォームや建築技術を習う」が加わったのです。

「応援よろしく！」は、家族野幸せのため

私は、プレゼンの最後に家族にこういいました。

「明日退職届を出したいと思う」

そして、「応援よろしく！」と。

結果は、家族全員が賛成でした。

『家族プレゼン』をやってきて、心の底から感じるのは、**「自分はなんのために不動産投資をおこなっているのか」**という、投資家としての原点への自覚的な問いかけです。

私は「家族の幸せのために不動産投資をする」ということを常に忘れないようにしたい。だからこそ『家族プレゼン』があるのです。

家族プレゼンによる変化
＜導入前＞
無関心
＜導入後＞
応援
不動産投資大賞2018
37
(C) 2018 Advance co,. ltd. All rights reserved.

大きな「気づき」は、家族の気持ちの変化です。

不動産投資を始める前、私に関して、家族は**「無関心」**でした。

ところが、不動産投資という家族からは反発を受けそうな事業に、自分が前向きに取り組んでいる姿を、妻とふたりの娘にきちんと整理して伝えることによって、家族の**「応援」**を得られることができたのです。

信じられないかたもいるかもしれません。

しかし、自分自身でも驚くような「気づき」でもあるのです。

私が２０１７年に購入したアパート2棟の名前は、娘がつけてくれました。

さらに私は、区分マンションの売却にも着手し、不動産投資家として、大きな事業を展開できるようになったのです。

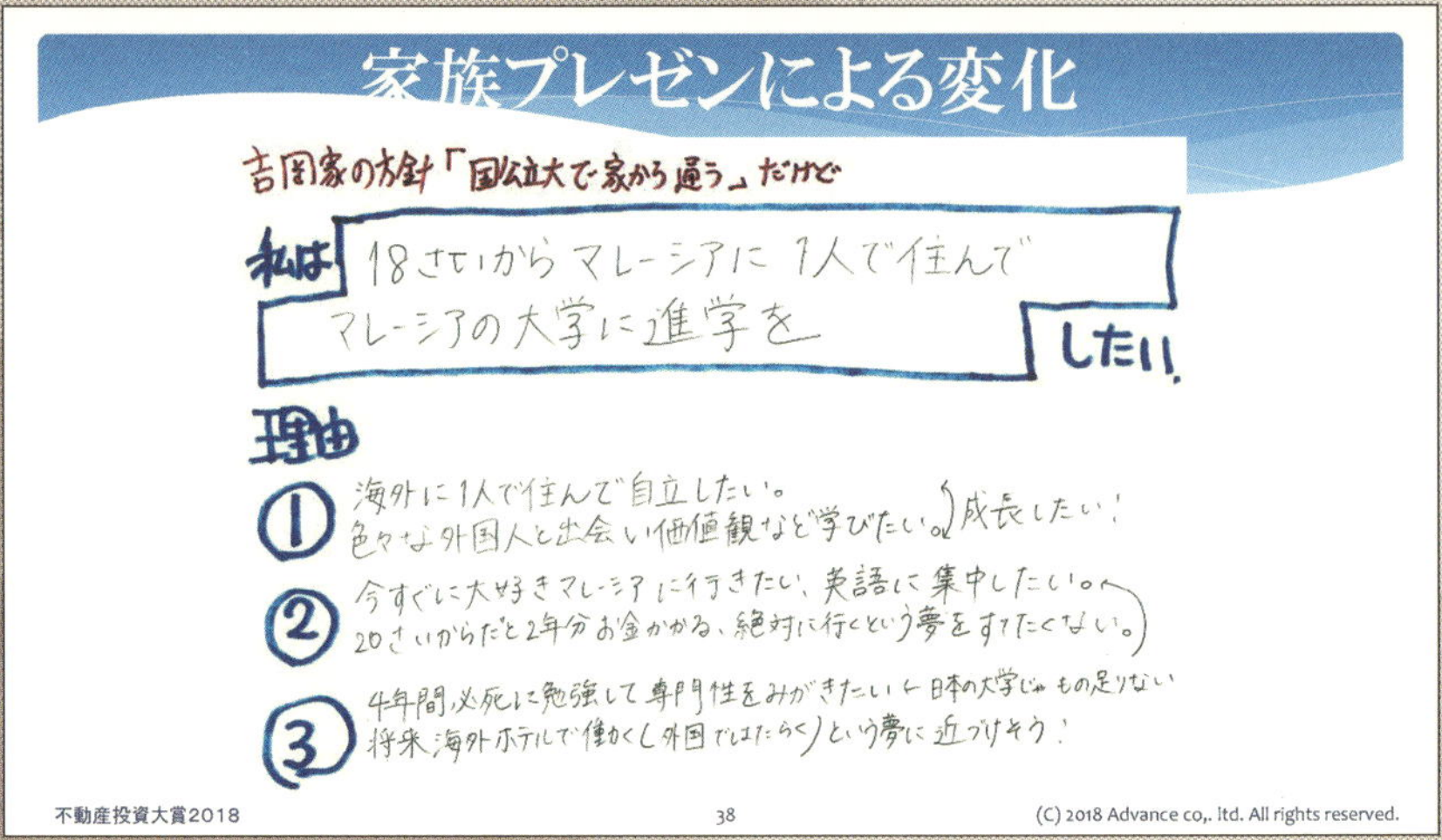
家族プレゼンによる変化
吉岡家の方針「国公立大で家から通う」だけど
私は 18さいからマレーシアに1人で住んで
マレーシアの大学に進学を
したい!
理由
① 海外に1人で住んで自立したい。
色々な外国人と出会い価値観など学びたい。 成長したい!
② 今すぐに大好きマレーシアに行きたい、英語に集中したい。
20さいからだと2年分お金かかる、絶対に行くという夢をすてたくない。
③ 4年間必死に勉強して専門性をみがきたい ← 日本の大学じゃもの足りない
将来海外ホテルで働く(外国ではたらく)という夢に近づけそう!
不動産投資大賞2018
38
(C) 2018 Advance co,. ltd. All rights reserved.

最後に、私の娘が、『家族プレゼン』をした1枚のシートをご覧にいれましょう。

吉岡家の方針は、「大学は国立。家から通うべし」でした。

ところが娘は、**「私はマレーシアにひとりで住んで、マレーシアの大学に進学したい」**というプレゼンをしたのです。

理由は、上のスライドのとおり。きちんと筋がとおったものでした。

――結論は、家族全員が賛成。

私はいつのまにか、娘が家を離れるという寂しさより、娘の成長を喜べる父親になっていたのです。

受賞のことば

わくわく感いっぱいのなかで、『家族プレゼン』というテーマで話させていただきました。そのプレゼンで、つねに賛成してくれた妻ですが、じつは、私の妻は、不動産投資が嫌い、銀行からの借金も嫌い、会社員を辞めることも嫌いなんです。でも、私のプレゼンテーションでは、理解を示し、保証人のハンコも押してくれました。妻には、ほんとうに感謝の思いでいっぱいです。また、このような出会いをいただいた『不動産投資で経済的自由を手にする会』はもちろん、トレーナーの皆さん、村田代表、ありがとうございました。

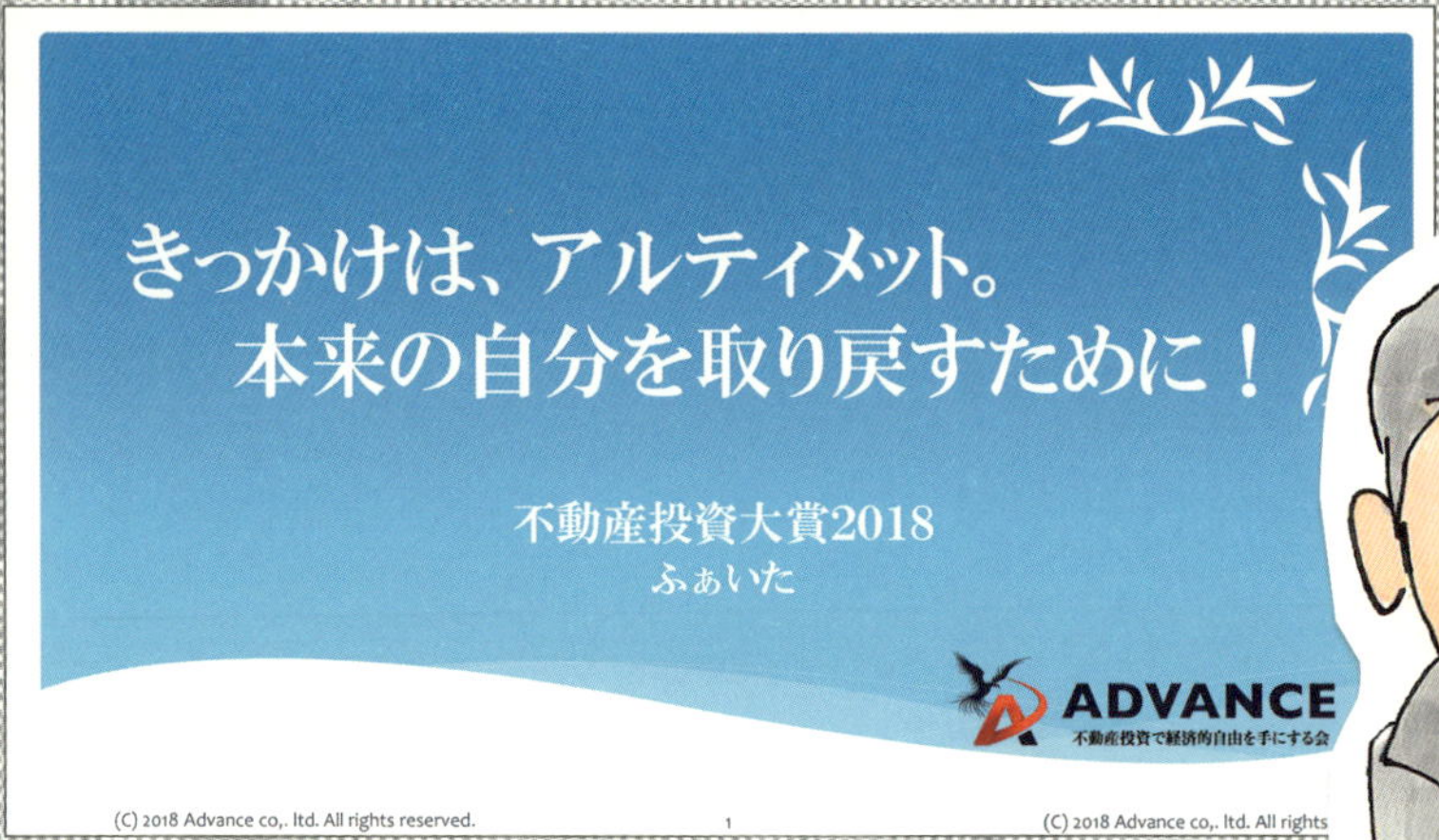
きっかけは、アルティメット。
本来の自分を取り戻すために！
不動産投資大賞2018
ふぁいた
ADVANCE
不動産投資で経済的自由を手にする会
(C) 2018 Advance co,. ltd. All rights reserved.
1
(C) 2018 Advance co,. ltd. All rights

不動産投資大賞 2018

『不動産投資大賞』プレゼンター入選

※プレゼンター入選者は、登壇順に紹介します

『きっかけは、アルティメット。本来の自分を取り戻すために！』

／ふぁいた さん

Profile

39歳。愛知県在住。会社員。趣味・特技は、ゴルフ、スノーボード。
不動産投資歴：約3年
『不動産投資で経済的自由を手にする会』への入会：2015年3月
所有物件の棟数：3棟／戸数：46戸
年間家賃収入：2100万円／総投資額：1億6000万円

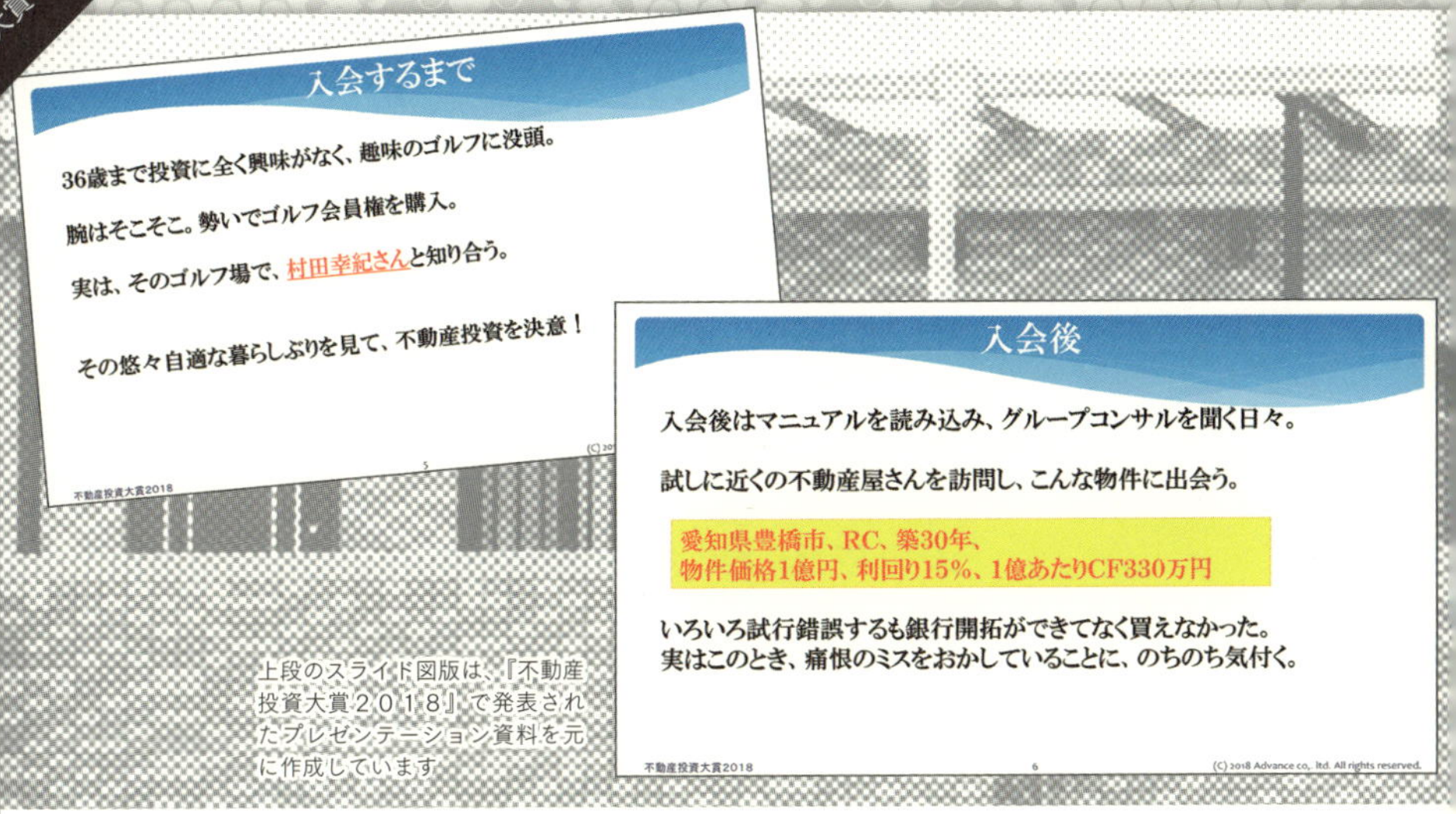
入会するまで
36歳まで投資に全く興味がなく、趣味のゴルフに没頭。
腕はそこそこ。勢いでゴルフ会員権を購入。
実は、そのゴルフ場で、村田幸紀さんと知り合う。
その悠々自適な暮らしぶりを見て、不動産投資を決意！
不動産投資大賞2018
5
入会後
入会後はマニュアルを読み込み、グループコンサルを聞く日々。
試しに近くの不動産屋さんを訪問し、こんな物件に出会う。
愛知県豊橋市、RC、築30年、
物件価格1億円、利回り15%、1億あたりCF330万円
いろいろ試行錯誤するも銀行開拓ができてなく買えなかった。
実はこのとき、痛恨のミスをおかしていることに、のちのち気付く。
不動産投資大賞2018
6
(C) 2018 Advance co., ltd. All rights reserved.

上段のスライド図版は、『不動産投資大賞２０１８』で発表されたプレゼンテーション資料を元に作成しています

不動産投資によって、人生でも奇跡の復活を遂げた

『不動産投資で経済的自由を手にする会』の村田代表とゴルフ場で知り合ったことから、私は、不動産投資家としての道を歩き始めました。

しかし、不動産投資家としてスタートしてから**2年半は、なにをやっても購入できないという状況**が続いていました。

『村田式ロケット戦略』を理解していたつもりでしたが、実は肝心なところで自己流でやっていたのです。そんな状態から**奇跡の復活を果たし、1年で3棟を購入することになるわけですが、**その理由は、たったの**2点です。**

①電話営業

なにをやっても物件を購入できない状況を打破したのは、グループコンサルタントで耳にした、宮川トレーナーのエピソードです。『テナントの客付け』がテーマでしたが、宮川トレーナーが「なり

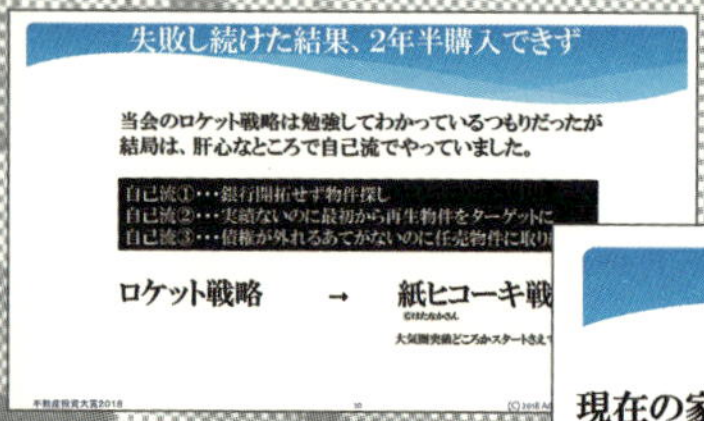
失敗し続けた結果、2年半購入できず
当会のロケット戦略は勉強してわかっているつもりだったが
結局は、肝心なところで自己流でやっていました。
自己流①・・・銀行開拓せず物件探し
自己流②・・・実績ないのに最初から再生物件をターゲットに
自己流③・・・債権が外れるあてがないのに任売物件に取り
ロケット戦略
→
紙ヒコーキ戦
不動産投資大賞2018

そこから奇跡の復活！1年間で3棟購入
現在の家賃年収2100万円
特徴
①長野県、②築古S造、③総合収支
長野
大北
上小
松本
諏訪
佐久
木曽
上伊那
飯伊
不動産投資大賞2018
11
(C) 2018 Advance co,. ltd. All rights reserved.

購入時期	物件価格	構造	築年数	利回り	CF 1億あたり	総合収支 1億あたり
'17/10	2,600万円	S造	20年	16.6	324万円	8,478万円
'18/3	9,500万円	RC	23年	11.3	243万円	2,221万円
'18/7	3,770万円	S造	20年	16.1	268万円	8,127万円

ふりかまわず営業電話をかけまくった」と聞き、ダメでもどんどんアプローチをしてみようと思ったのです。

自らアプローチすることで**「待ちの姿勢から攻めの姿勢」**へ気持ちを切り替えることができました。

サラリーマンだった私は、昼休みの1時間、周囲に目立たぬよう炎天下でもエンジンを止めた車のなかで、不動産仲介業者さんに電話をかけ続けました。

2カ月で253社に連絡し、成果としては電話営業がきっかけで知りあった不動産仲介業者さんから、3棟購入することができました。電話とファックスしかない田舎の業者さんが狙い目だということもわかり、かなり勉強になりました。

②自らを追い込む

しかし、まだまだサラリーマン投資家の延長線上だった私は、『不動産投資で経済的自由を手にする会』のアルティメットサポート会員になるなど自己投資を促進させると同時に、**不動産投資家になるという覚悟を持って、自宅マンションを売却します。**家族に対して、結果を出さなければという責任感も芽生えました。

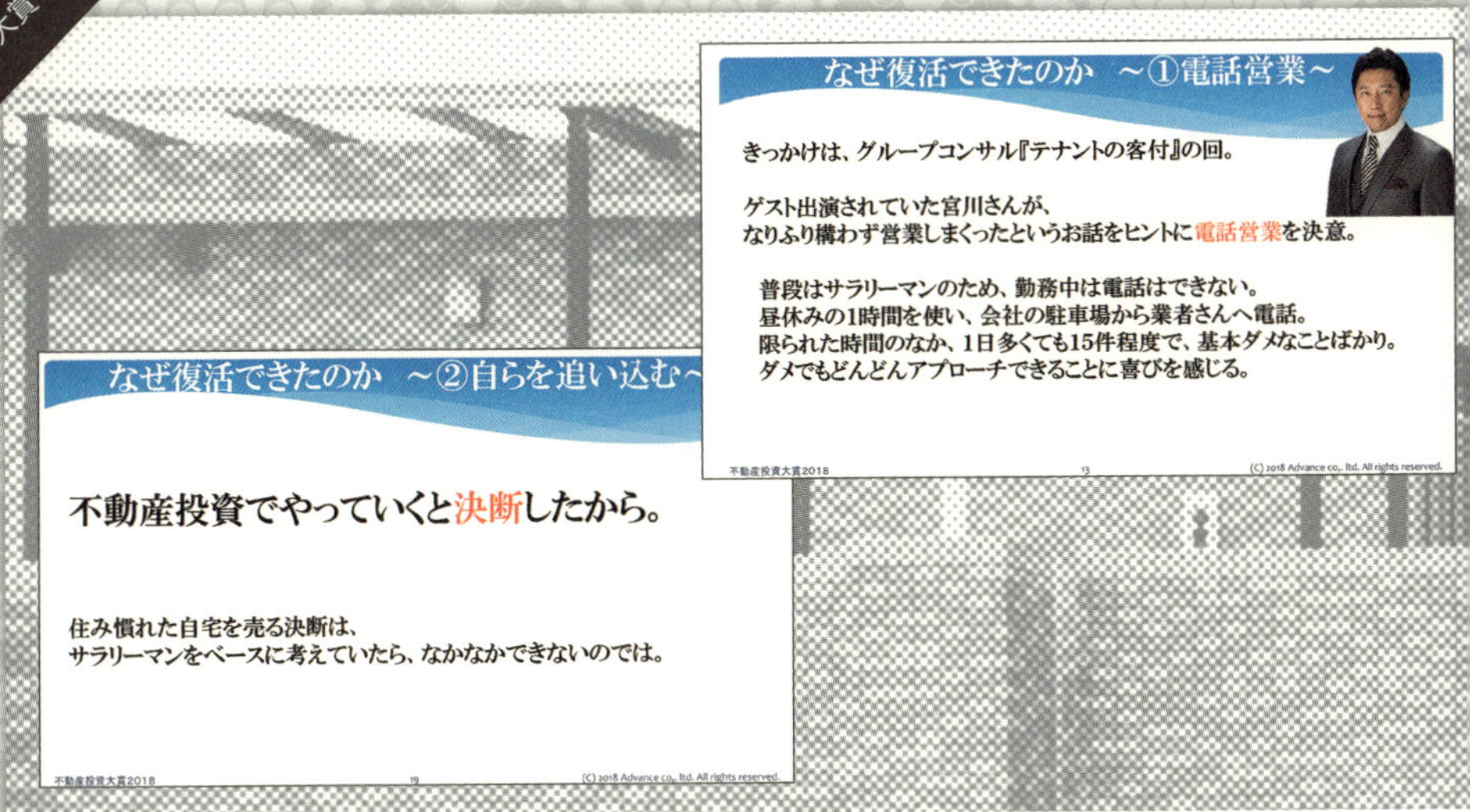
なぜ復活できたのか ～①電話営業～
きっかけは、グループコンサル『テナントの客付』の回。
ゲスト出演されていた宮川さんが、
なりふり構わず営業しまくったというお話をヒントに電話営業を決意。
普段はサラリーマンのため、勤務中は電話はできない。
昼休みの1時間を使い、会社の駐車場から業者さんへ電話。
限られた時間のなか、1日多くても15件程度で、基本ダメなことばかり。
ダメでもどんどんアプローチできることに喜びを感じる。
不動産投資大賞2018
13
(C) 2018 Advance co., ltd. All rights reserved.
なぜ復活できたのか ～②自らを追い込む～
不動産投資でやっていくと決断したから。
住み慣れた自宅を売る決断は、
サラリーマンをベースに考えていたら、なかなかできないのでは。
不動産投資大賞2018
19
(C) 2018 Advance co., ltd. All rights reserved.

結果、売却により残債がゼロになり、自己資金力がアップ。すぐに2棟購入にこぎつけたのです。

私は、覚悟の大切さを知りました。

じつは私は、不動産投資を始める以前、ストレスによる休職を経験しました。

2014年ごろの写真は、目の焦点も合っていないひどい有様。復職するときは、日常の挨拶の練習をしなければならないほど。**言葉が、出てこなかったのです。**

ところが、不動産投資を始めると、人生が変わりました。多くの会員たちのまえで、こんな場所で、プレゼンテーションもできるようになったのです。

自分が明確な意志を持つことで、人生は変わる。その事実を『不動産投資で経済的自由を手にする会』によって、教わったと思います。

村田さんやトレーナーの方々には、感謝しかありません。いまは、自分から能動的に動くことで、**どんな夢もリアルに感じられます。**

これからも、夢に向かって、一歩ずつ、歩んでいきたいと思います。

ある不動産事業ド素人の
3年間の変化
PEN'S ENGLISH SCHOOL
不動産投資大賞　2018
ぺんさん

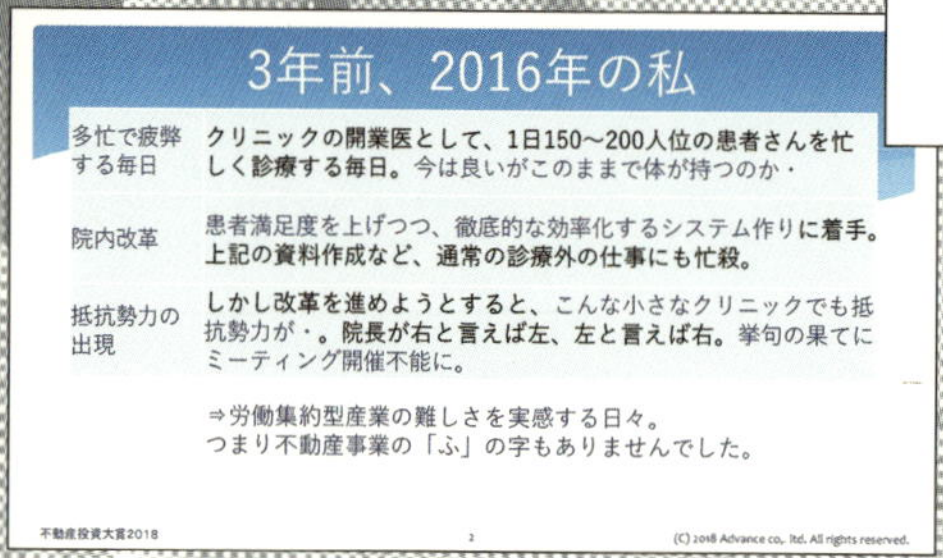
3年前、2016年の私
多忙で疲弊する毎日
クリニックの開業医として、1日150～200人位の患者さんを忙しく診療する毎日。今は良いがこのままで体が持つのか・
院内改革
患者満足度を上げつつ、徹底的な効率化するシステム作りに着手。上記の資料作成など、通常の診療外の仕事にも忙殺。
抵抗勢力の出現
しかし改革を進めようとすると、こんな小さなクリニックでも抵抗勢力が・。院長が右と言えば左、左と言えば右。挙句の果てにミーティング開催不能に。
⇒労働集約型産業の難しさを実感する日々。
つまり不動産事業の「ふ」の字もありませんでした。
不動産投資大賞2018
2
(C) 2018 Advance co., ltd. All rights reserved.

上段のスライド図版は、『不動産投資大賞２０１８』で発表されたプレゼンテーション資料を元に作成しています

不動産投資大賞
2018

『不動産投資大賞』プレゼンター入選

『ある不動産事業ド素人の3年間の変化』

／ぺんさん

Profile

48歳。三重県在住。開業医。趣味・特技は、サッカー、ジョギング。
不動産投資歴：約2年
『不動産投資で経済的自由を手にする会』への入会：２０１7年1月
所有物件の棟数：４棟／戸数：77戸
年間家賃収入：４６５０万円／総投資額：5億２０００万円

医師
～体一つの哀しきBLUE WORKER
知人医師の転落
知人医師が救急外来で暴力に会い頸椎損傷、警察沙汰に。復職も人間不信になり、性格が荒れ、浮気・おしどり夫婦も離婚、家族は離散、表舞台よりドロップアウトしたのを目撃
医師～体一つの哀しきBLUE WORKER
高収入があると言っても、所詮体一つのBLUE WORKER。何かの時に、家族を養う事のできるリスクヘッジのセカンドプランを探していた。
不動産投資大賞2018
4
(C) 2018 Advance co., ltd. All rights reserved.

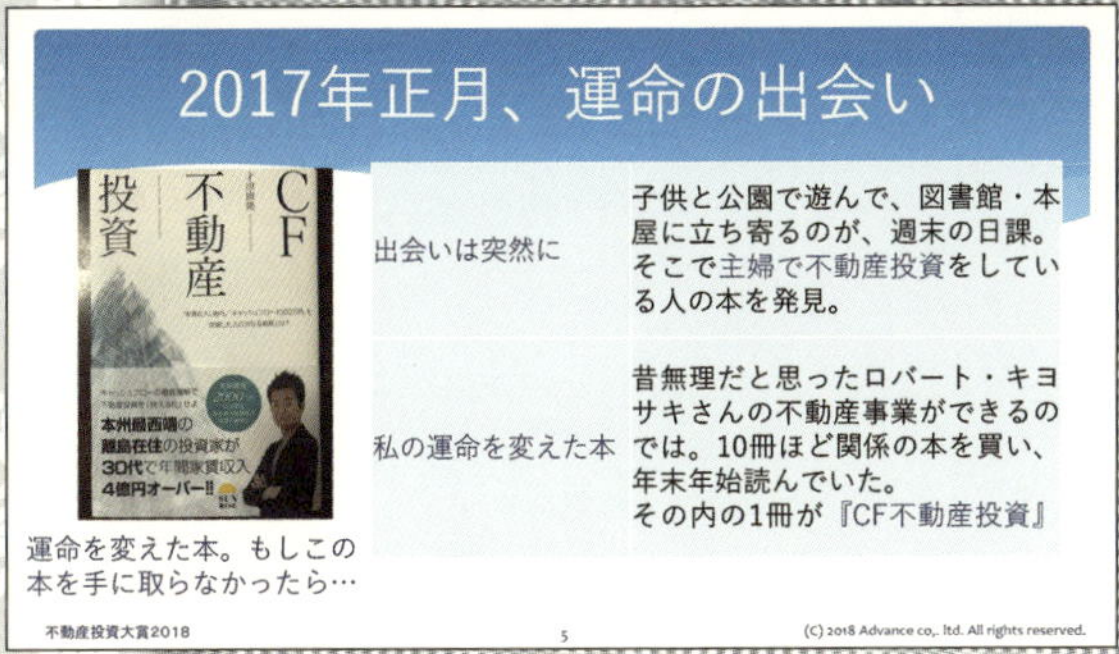
2017年正月、運命の出会い
CF 不動産 投資
本州最西端の離島在住の投資家が30代で年間家賃収入4億円オーバー!!
出会いは突然に
子供と公園で遊んで、図書館・本屋に立ち寄るのが、週末の日課。そこで主婦で不動産投資をしている人の本を発見。
私の運命を変えた本
昔無理だと思ったロバート・キヨサキさんの不動産事業ができるのでは。10冊ほど関係の本を買い、年末年始読んでいた。
その内の1冊が『CF不動産投資』
運命を変えた本。もしこの本を手に取らなかったら…
不動産投資大賞2018
5
(C) 2018 Advance co., ltd. All rights reserved.

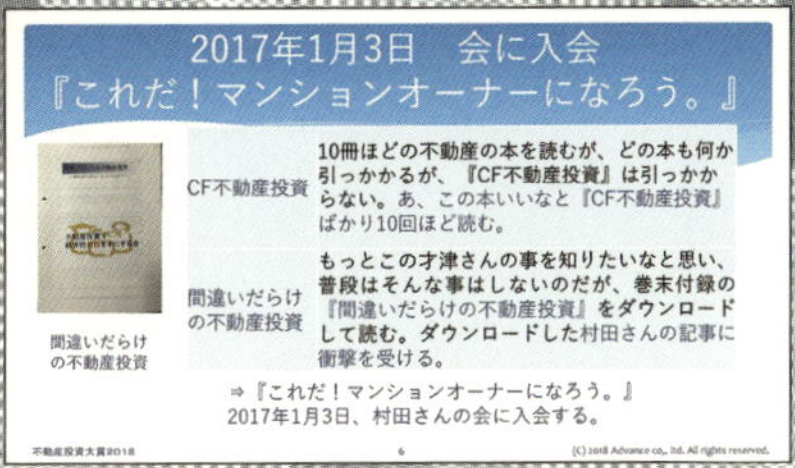
2017年1月3日　会に入会
『これだ！マンションオーナーになろう。』
CF不動産投資
10冊ほどの不動産の本を読むが、どの本も何か引っかかるが、『CF不動産投資』は引っかからない。あ、この本いいなと『CF不動産投資』ばかり10回ほど読む。
間違いだらけの不動産投資
もっとこの才津さんの事を知りたいなと思い、普段はそんな事はしないのだが、巻末付録の『間違いだらけの不動産投資』をダウンロードして読む。ダウンロードした村田さんの記事に衝撃を受ける。
間違いだらけの不動産投資
⇒『これだ！マンションオーナーになろう。』
2017年1月3日、村田さんの会に入会する。
不動産投資大賞2018
6
(C) 2018 Advance co., ltd. All rights reserved.

技術者から経営者へ――、新たなビジョンを持つ

2016年、私は、クリニックの開業医として、1日に150人から200人の患者さんを診察する毎日を送っていました。

しかし、将来に体力的な限界を感じ効率化を図ったところ、小さな私のクリニックにも抵抗勢力があり大変な苦労を経験したのです。

私はそのとき、いわゆる労働集約型産業に限界を感じました。

そんな折りでした。知人の医師が、緊急外来での患者さんとのトラブルで、頸椎を損傷。復職後も人間不信となり、表舞台からドロップアウトしたのです。

医師は、高収入といわれますが、しょせん体はひとつ。**家族を養うリスクヘッジとして、セカンドプランを探さなければと、書店へ足を運び、主婦と兼業という不動産投資を知ります。**

私は、その日から不動産投資本を読みあさり**『不動産投資で経済的自由を手にする会』の才《さい》津《つ》康隆《やすたか》トレーナーの著書『CF不動産投**

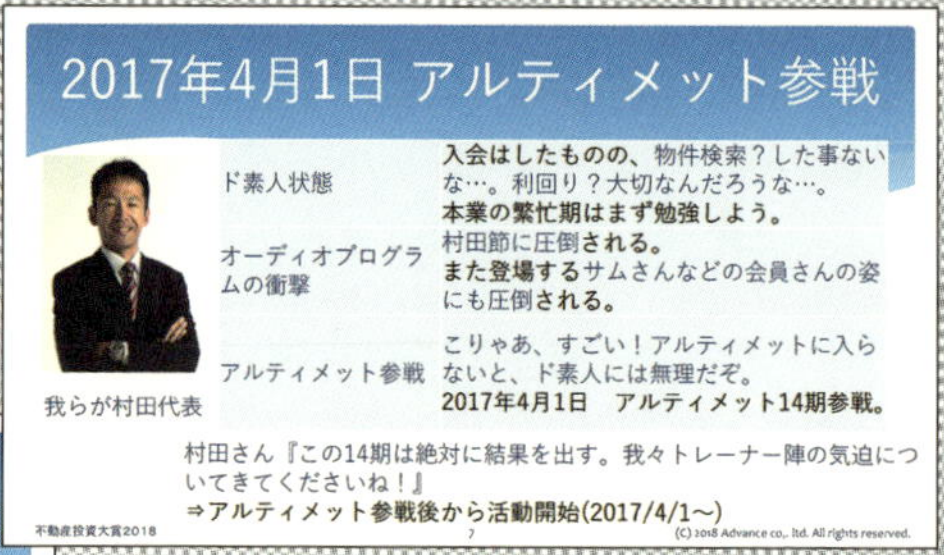
2017年4月1日 アルティメット参戦
ド素人状態
入会はしたものの、物件検索？した事ないな…。利回り？大切なんだろうな…。
本業の繁忙期はまず勉強しよう。
オーディオプログラムの衝撃
村田節に圧倒される。
また登場するサムさんなどの会員さんの姿にも圧倒される。
アルティメット参戦
こりゃあ、すごい！アルティメットに入らないと、ド素人には無理だぞ。
2017年4月1日　アルティメット14期参戦。
我らが村田代表
村田さん『この14期は絶対に結果を出す。我々トレーナー陣の気迫についてきてくださいね！』
⇒アルティメット参戦後から活動開始(2017/4/1～)
不動産投資大賞2018
7
(C) 2018 Advance co., ltd. All rights reserved.

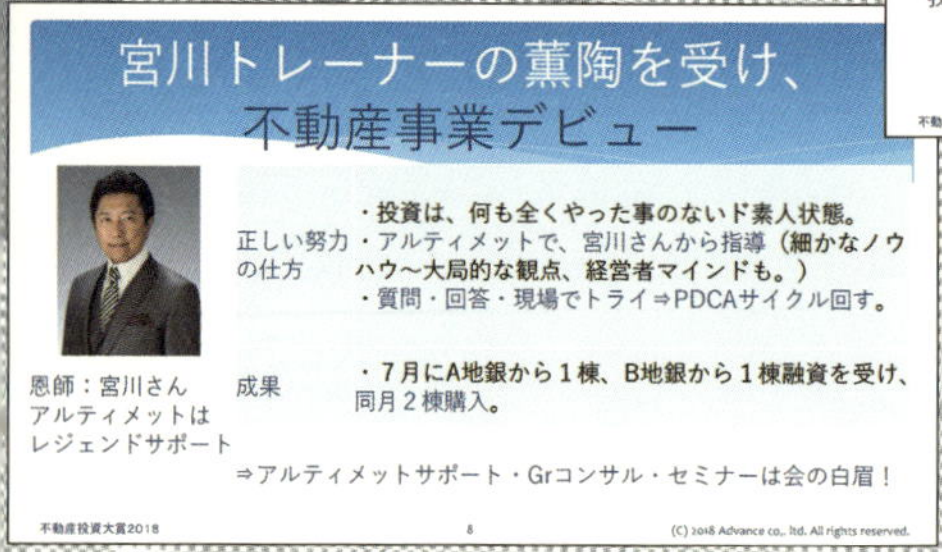
宮川トレーナーの薫陶を受け、
不動産事業デビュー
正しい努力の仕方
・投資は、何も全くやった事のないド素人状態。
・アルティメットで、宮川さんから指導（細かなノウハウ～大局的な観点、経営者マインドも。）
・質問・回答・現場でトライ⇒PDCAサイクル回す。
恩師：宮川さん
アルティメットは
レジェンドサポート
成果
・７月にA地銀から１棟、B地銀から１棟融資を受け、同月２棟購入。
⇒アルティメットサポート・Grコンサル・セミナーは会の白眉！
不動産投資大賞2018
8
(C) 2018 Advance co., ltd. All rights reserved.

資』（サンライズパブリッシング）に出会います。２０１７年１月、これだと思って入会。２０１７年４月にアルティメットサポート会員になりました。

　まったくの素人だった私を鍛えてくださったのは、**宮川泰《みやがわやすし》トレーナー**です。本当に懇切丁寧に不動産投資のノウハウをお教えいただき、**わずか３カ月後の７月には２棟を購入。**さらに、３棟目の物件を手に入れるのですが、ここが**勝負どころ**でした。

３棟目の物件は16戸中４戸が空室。さらに、銀行の融資が厳しいいわゆる〝地方の〟エリアでしたが、「これは家賃の設計ミスだ」と確信し、適切な家賃を念頭に満室経営を計画。適正価格での価格交渉を展開すると、努力は報われ、**１億４０００万円の物件を１億２０００万円**で購入。予定通り満室経営ができています。

　こうした不動産投資で、私が得たものは、物件と家賃収入というセカンドプランだけではありません。『不動産投資で経済的自由を手にする会』によって私は、強い**「経営者マインド」**が得られたのです。

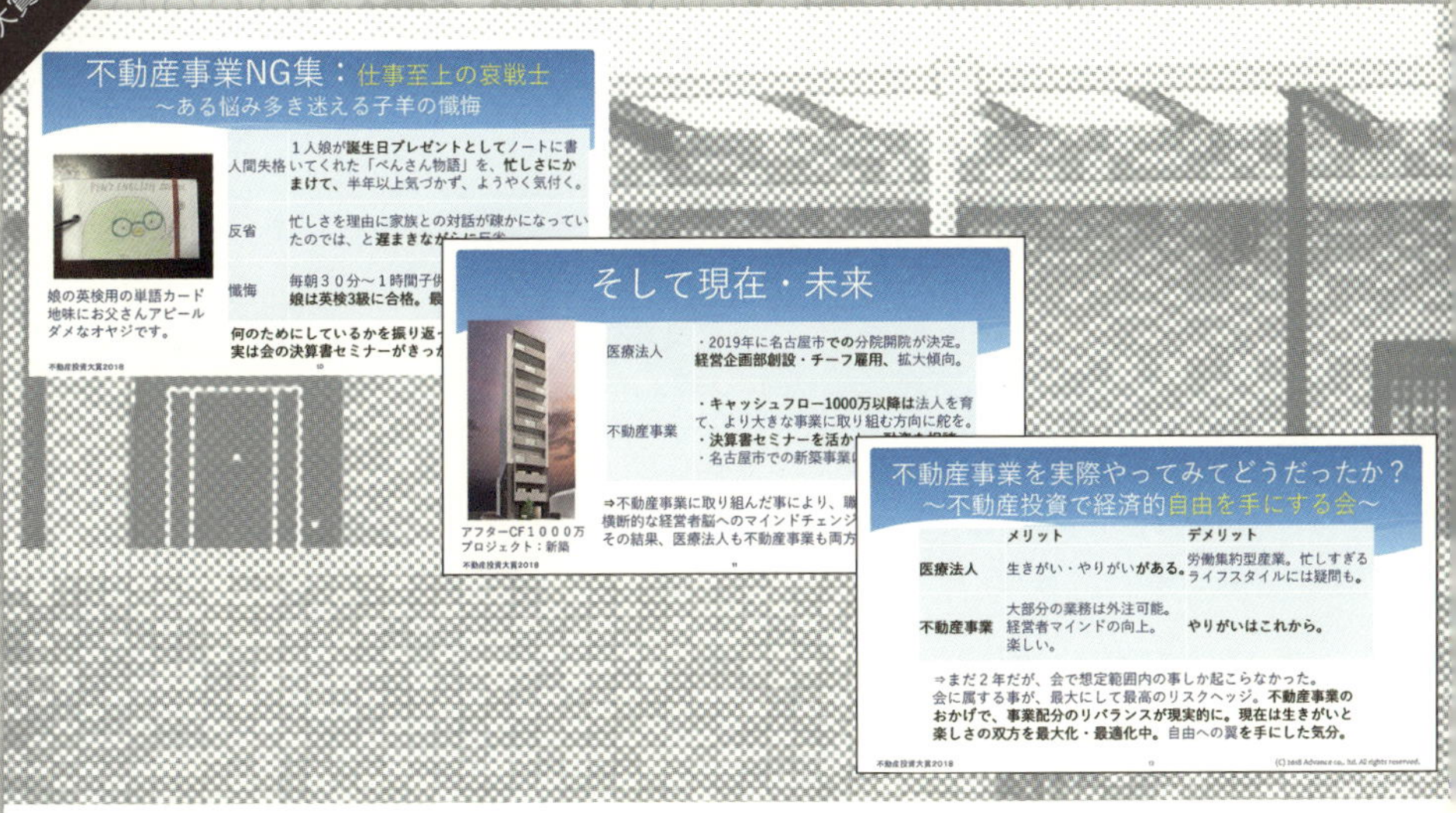
不動産事業NG集：仕事至上の哀戦士
～ある悩み多き迷える子羊の懺悔
人間失格
１人娘が誕生日プレゼントとしてノートに書いてくれた「ぺんさん物語」を、忙しさにかまけて、半年以上気づかず、ようやく気付く。
反省
忙しさを理由に家族との対話が疎かになっていたのでは、と遅まきなが
懺悔
毎朝３０分～１時間子供
娘は英検3級に合格。最
娘の英検用の単語カード
地味にお父さんアピール
ダメなオヤジです。
何のためにしているかを振り返
実は会の決算書セミナーがきっか
不動産投資大賞2018
そして現在・未来
医療法人
・2019年に名古屋市での分院開院が決定。
経営企画部創設・チーフ雇用、拡大傾向。
不動産事業
・キャッシュフロー1000万以降は法人を育て、より大きな事業に取り組む方向に舵を。
・決算書セミナーを活か
・名古屋市での新築事業
⇒不動産事業に取り組んだ事により、
横断的な経営者脳へのマインドチェンジ
その結果、医療法人も不動産事業も両方
アフターCF１０００万
プロジェクト：新築
不動産投資大賞2018
不動産事業を実際やってみてどうだったか？
～不動産投資で経済的自由を手にする会～
メリット
デメリット
医療法人
生きがい・やりがいがある。
労働集約型産業。忙しすぎるライフスタイルには疑問も。
不動産事業
大部分の業務は外注可能。
経営者マインドの向上。
楽しい。
やりがいはこれから。
⇒まだ２年だが、会で想定範囲内の事しか起こらなかった。
会に属する事が、最大にして最高のリスクヘッジ。不動産事業のおかげで、事業配分のリバランスが現実的に。現在は生きがいと楽しさの双方を最大化・最適化中。自由への翼を手にした気分。
不動産投資大賞2018
(C) 2018 Advance co., ltd. All rights reserved.

「経営者マインド」は、私の人生を変えました。

2019年に分院開院、医師としての時間を確保しつつも、可能な限りのアウトソーシングを試み、経営企画部を創設するなど経営者として思考することができます。

不動産投資では、キャッシュフロー1000万円を突破して以降、会の決算書セミナーを活かし、名古屋での新築事業に着手。どちらもうまくいっています。

開業医として多忙だったころの私は、**一人娘がノートに自筆で書いた「ペンさん物語」という誕生日プレゼント**をもらっていたのに、半年以上気づきませんでした。父親失格です。でもいまは、毎朝30分くらいは、娘の勉強を見るようにつとめています。

さらに、私にとって最大の変化は、**不動産事業で家族のためのリスクヘッジができている**ため、分院開設やスタッフの昇給というよりクリニックに資金を投下できる余裕ができたことです。**まさに〝不動産投資で経済的な自由を手にした〟といえるでしょう。〝関係するすべての人を幸せにする〟というビジョンの達成**が、私には、見えています。

上段のスライド図版は、『不動産投資大賞２０１８』で発表されたプレゼンテーション資料を元に作成しています

自信を持って買えるようになった
2018年
不動産投資大賞2018
(HN:ともき)
ADVANCE
※プレゼン通してバラに注目！！

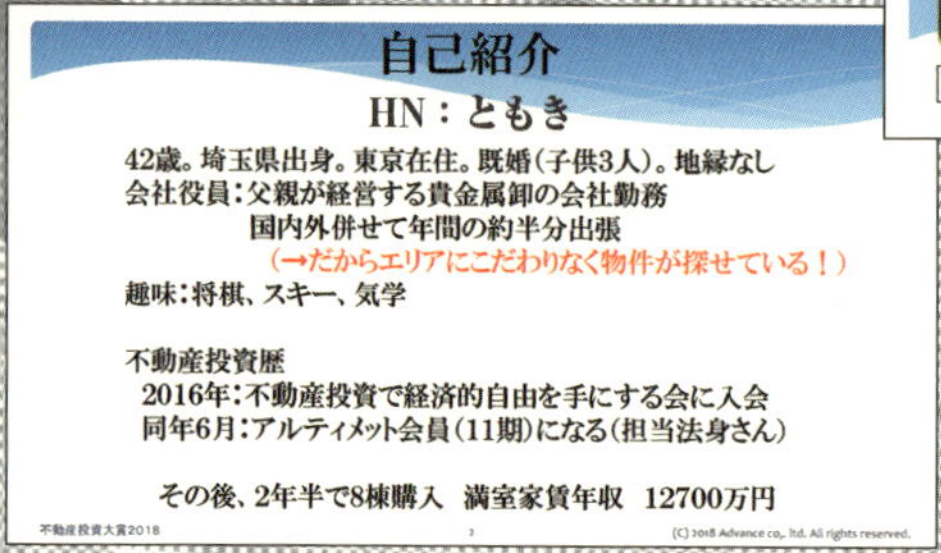

自己紹介
HN：ともき
42歳。埼玉県出身。東京在住。既婚(子供3人)。地縁なし
会社役員：父親が経営する貴金属卸の会社勤務
国内外併せて年間の約半分出張
(→だからエリアにこだわりなく物件が探せている！)
趣味：将棋、スキー、気学
不動産投資歴
2016年：不動産投資で経済的自由を手にする会に入会
同年6月：アルティメット会員(11期)になる(担当法身さん)
その後、2年半で8棟購入　満室家賃年収　12700万円
不動産投資大賞2018
(C) 2018 Advance co,. ltd. All rights reserved.

不動産投資大賞

2018

『不動産投資大賞』プレゼンター入選

『自信を持って買えるようになった2018年』

／ともきさん

Profile

42歳。東京都在住。会社役員。趣味・特技は将棋、スキー、気学。
不動産投資歴：約３年
『不動産投資で経済的自由を手にする会』への入会：２０１６年２月
所有物件の棟数：８棟／戸数：１３９戸
年間家賃収入：１億２７００万円／総投資額：14億７０００万円

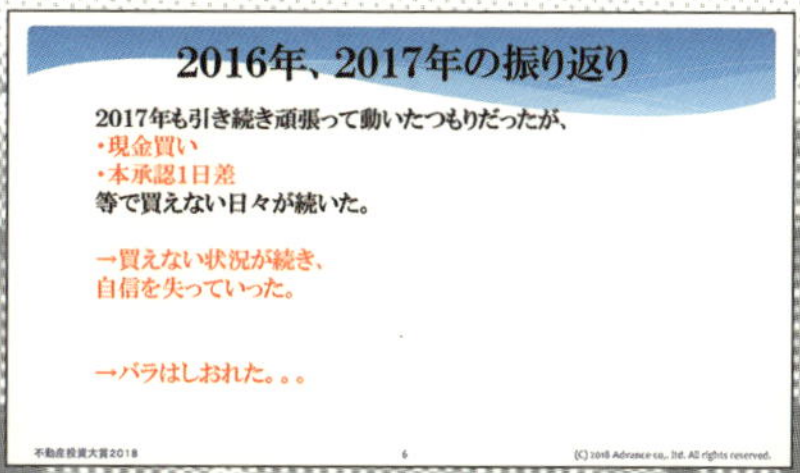
2016年、2017年の振り返り
2017年も引き続き頑張って動いたつもりだったが、
・現金買い
・本承認1日差
等で買えない日々が続いた。
→買えない状況が続き、
自信を失っていった。
→バラはしおれた。。。
不動産投資大賞2018
6
(C) 2018 Advance co,. ltd. All rights reserved.

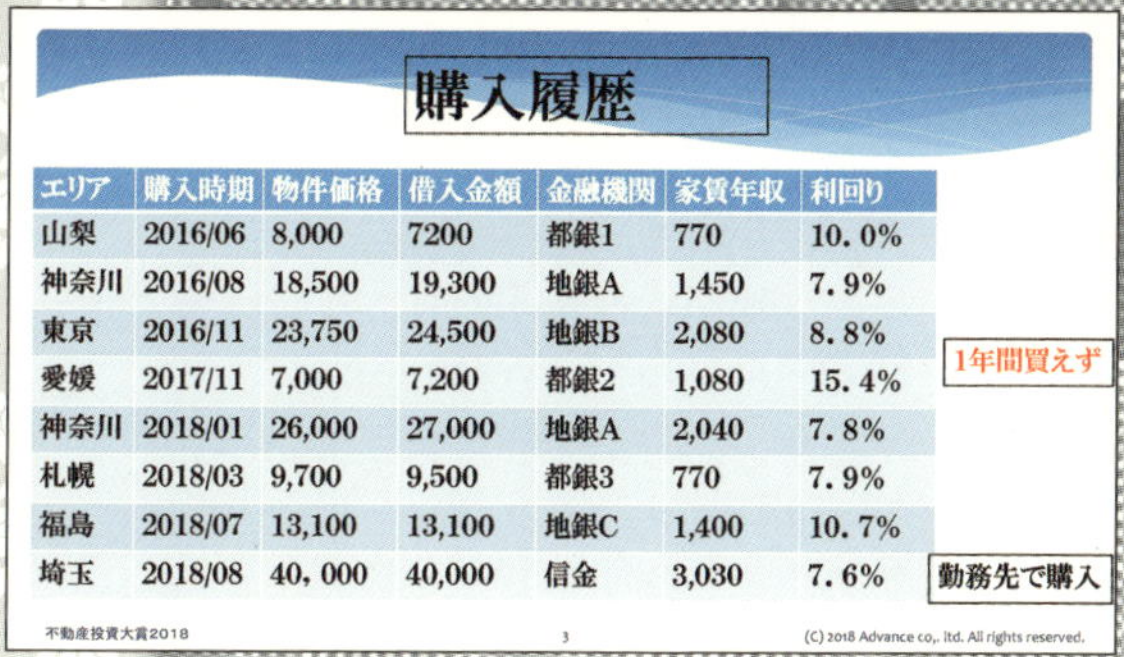
購入履歴
1年間買えず
勤務先で購入
不動産投資大賞2018
3
(C) 2018 Advance co,. ltd. All rights reserved.

エリア	購入時期	物件価格	借入金額	金融機関	家賃年収	利回り
山梨	2016/06	8,000	7200	都銀1	770	10.0%
神奈川	2016/08	18,500	19,300	地銀A	1,450	7.9%
東京	2016/11	23,750	24,500	地銀B	2,080	8.8%
愛媛	2017/11	7,000	7,200	都銀2	1,080	15.4%
神奈川	2018/01	26,000	27,000	地銀A	2,040	7.8%
札幌	2018/03	9,700	9,500	都銀3	770	7.9%
福島	2018/07	13,100	13,100	地銀C	1,400	10.7%
埼玉	2018/08	40,000	40,000	信金	3,030	7.6%

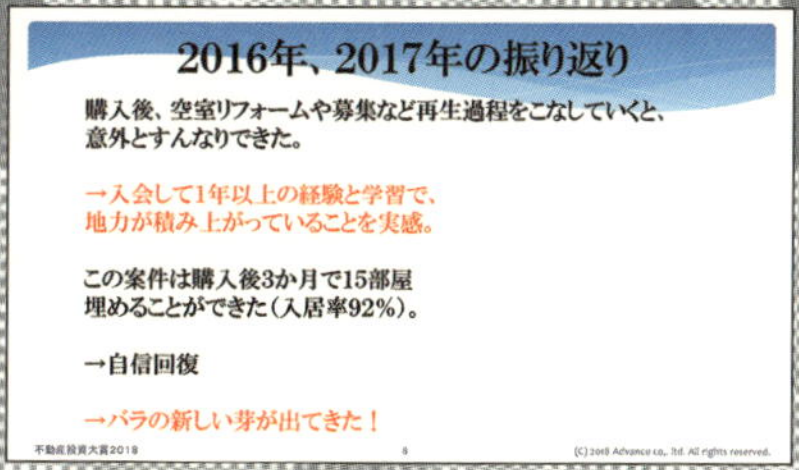
2016年、2017年の振り返り
購入後、空室リフォームや募集など再生過程をこなしていくと、
意外とすんなりできた。
→入会して1年以上の経験と学習で、
地力が積み上がっていることを実感。
この案件は購入後3か月で15部屋
埋めることができた（入居率92%）。
→自信回復
→バラの新しい芽が出てきた！
不動産投資大賞2018
8
(C) 2018 Advance co,. ltd. All rights reserved.

前年から登壇をコミットし、結果を出せた

2016年、『不動産投資で経済的自由を手にする会』に入会したことで、私の不動産投資家としてのキャリアはスタートしました。

同年6月、アルティメットサポート会員になり、法身栄治《ほっしんえいじ》トレーナーのアドバイスを受けながら、不動産投資家としてキャリアを高めてきました。

結果は、**2018年までの2年半で8棟を購入。年間の満室家賃収入は、1億2700万円と〝ワンベスター〟**となりました。

私は今回のプレゼンテーションで、自分の不動産投資のキャリアをバラの花にたとえました。最初に花開いたのは、入会して1年目です。

物件のなかに空室が一部屋あるだけでも足がすくんでいたので、購入した物件は、満室かそれに近いものでしたが、**会のマニュアルとサポートを活用することで、2016年に3棟を購入することが**

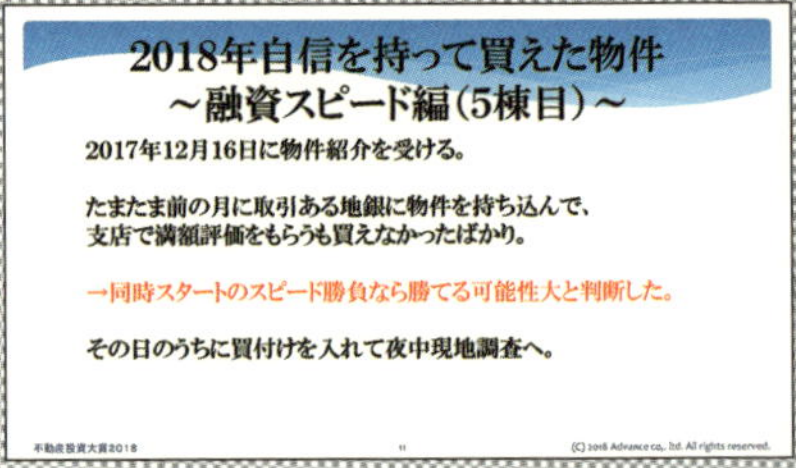
2018年自信を持って買えた物件
～融資スピード編（5棟目）～
2017年12月16日に物件紹介を受ける。
たまたま前の月に取引ある地銀に物件を持ち込んで、
支店で満額評価をもらうも買えなかったばかり。
→同時スタートのスピード勝負なら勝てる可能性大と判断した。
その日のうちに買付けを入れて夜中現地調査へ。
不動産投資大賞2018
11
(C) 2018 Advance co., ltd. All rights reserved.

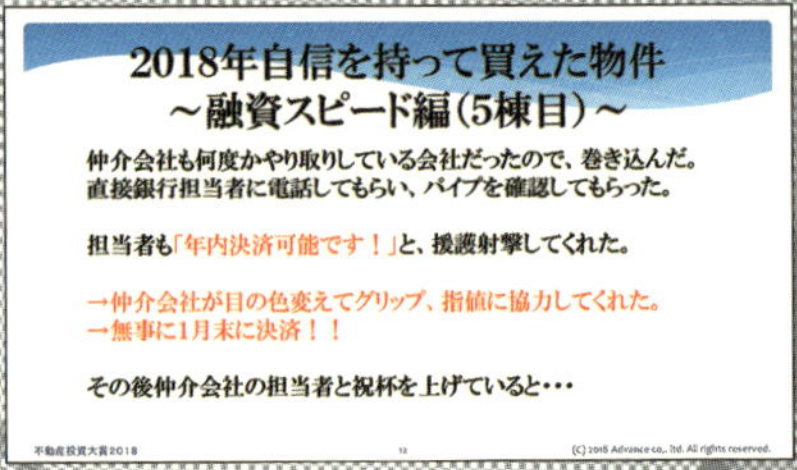
2018年自信を持って買えた物件
～融資スピード編（5棟目）～
仲介会社も何度かやり取りしている会社だったので、巻き込んだ。
直接銀行担当者に電話してもらい、パイプを確認してもらった。
担当者も「年内決済可能です！」と、援護射撃してくれた。
→仲介会社が目の色変えてグリップ、指値に協力してくれた。
→無事に1月末に決済！！
その後仲介会社の担当者と祝杯を上げていると・・・
不動産投資大賞2018
12
(C) 2018 Advance co., ltd. All rights reserved.

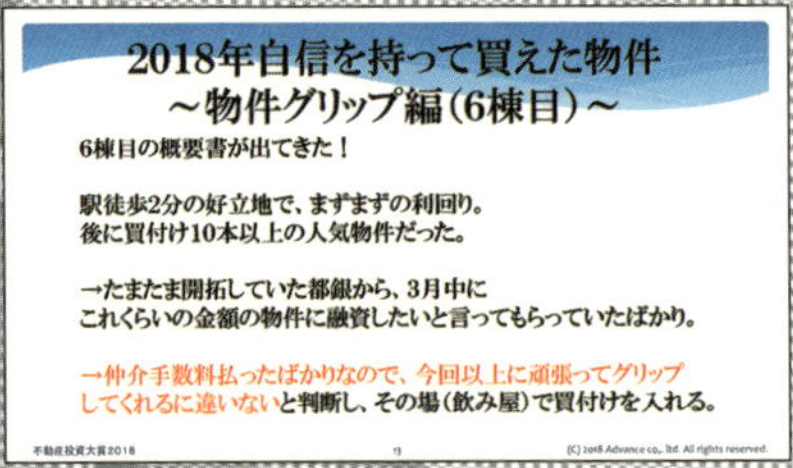
2018年自信を持って買えた物件
～物件グリップ編（6棟目）～
6棟目の概要書が出てきた！
駅徒歩2分の好立地で、まずまずの利回り。
後に買付け10本以上の人気物件だった。
→たまたま開拓していた都銀から、3月中に
これくらいの金額の物件に融資したいと言ってもらっていたばかり。
→仲介手数料払ったばかりなので、今回以上に頑張ってグリップ
してくれるに違いないと判断し、その場（飲み屋）で買付けを入れる。
不動産投資大賞2018
13
(C) 2018 Advance co., ltd. All rights reserved.

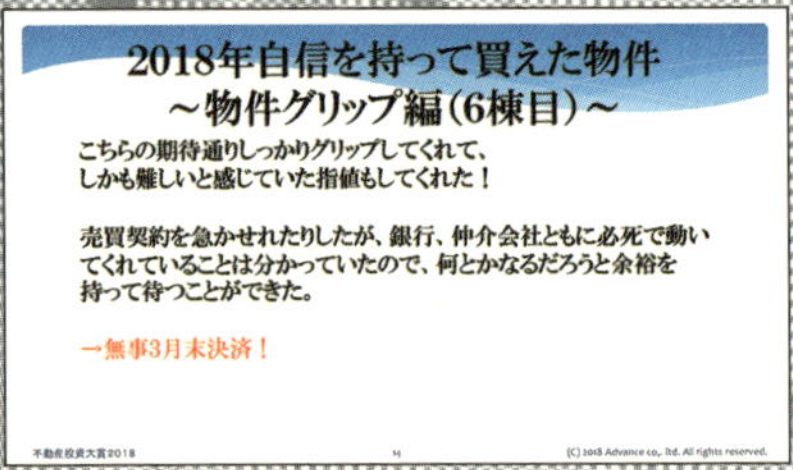
2018年自信を持って買えた物件
～物件グリップ編（6棟目）～
こちらの期待通りしっかりグリップしてくれて、
しかも難しいと感じていた指値もしてくれた！
売買契約を急かせれたりしたが、銀行、仲介会社ともに必死で動い
てくれていることは分かっていたので、何とかなるだろうと余裕を
持って待つことができた。
→無事3月末決済！
不動産投資大賞2018
14
(C) 2018 Advance co., ltd. All rights reserved.

できました。初心者から始めた自分には、望外のスタートダッシュで、バラの花は咲きほこったのです。

ところが、**2016年11月以降、まったく買えない状況**が起こります。バラの花は、しぼんでしまうのです。

しかも、狙っていた物件を現金購入する方が現れて先を越されたり、銀行の本承認が1日遅れて、別のかたの手に渡るなど、予想外の出来事で、優良物件を見送るケースばかりだったのです。

そんななか、2017年の秋口に、物件の紹介を受けました。再生物件でしたが、25部屋中8部屋しか入居がありませんでした。

不動産投資をスタートした時点では、決して買わないような物件です。法身トレーナーは、「無理をしなくてもいい」といいましたが、私は、購入を決意します。

また、バラの花を咲かせたい。そう思ったのです。

私は、会の教材や法身トレーナーの指導を仰ぐなどし、**空室リフォームをおこない、募集を強化するなど再生過程をこなしていきます。**すると、なんと購入3ヵ月で、会の基準である入居率92%にた

2018年活動して
スピード、グリップ力、
再生力、コンテクストなど
全てが良い方向に変化！
→1年間で
4棟90000万購入！
→まさにバラ満開！！
会社のモッコウバラ満開の様子
不動産投資大賞2018
17
(C) 2018 Advance co., ltd. All rights reserved.

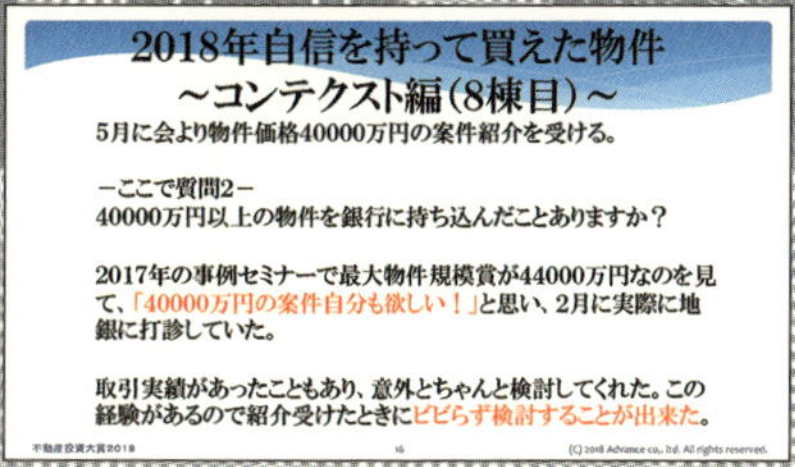
2018年自信を持って買えた物件
～コンテクスト編（8棟目）～
5月に会より物件価格40000万円の案件紹介を受ける。
－ここで質問2－
40000万円以上の物件を銀行に持ち込んだことありますか？
2017年の事例セミナーで最大物件規模賞が44000万円なのを見て、「40000万円の案件自分も欲しい！」と思い、2月に実際に地銀に打診していた。
取引実績があったこともあり、意外とちゃんと検討してくれた。この経験があるので紹介受けたときにビビらず検討することが出来た。
不動産投資大賞2018
16
(C) 2018 Advance co., ltd. All rights reserved.

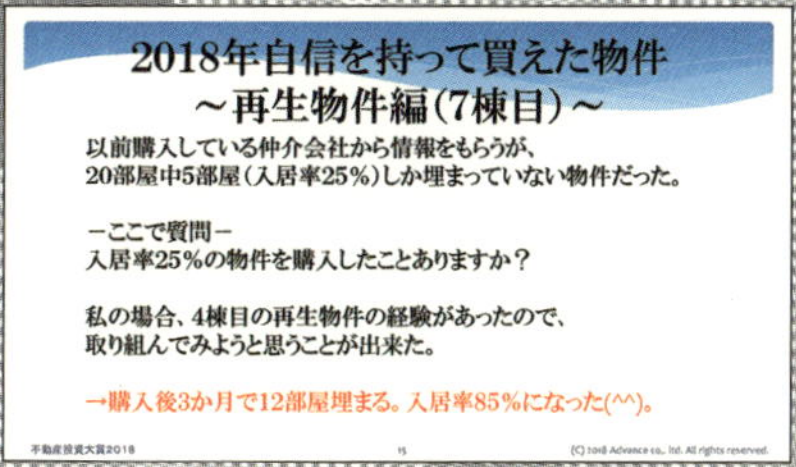
2018年自信を持って買えた物件
～再生物件編（7棟目）～
以前購入している仲介会社から情報をもらうが、
20部屋中5部屋（入居率25％）しか埋まっていない物件だった。
－ここで質問－
入居率25％の物件を購入したことありますか？
私の場合、4棟目の再生物件の経験があったので、
取り組んでみようと思うことが出来た。
→購入後3か月で12部屋埋まる。入居率85％になった(^^)。
不動産投資大賞2018
15
(C) 2018 Advance co., ltd. All rights reserved.

どり着きました。

その物件の購入の直後、『不動産投資大賞２０１８』のプランを知った私は、法身トレーナーにこう誓いました。

「"ワンベスター"として、登壇します。そのつもりでいてください」と。

この誓いの言葉は、自分を鼓舞する励みになりました。

2018年になると、自信を持って1月、3月、7月、8月と4棟を9億円でスピード購入を成し遂げます。

言葉は現実になり、入会したときの決意や勢いもよみがえったのです。

いま、バラは大輪の花として咲いています。まさにバラ満開です。私は、いま、「自信を持って選ばれる投資家」になりたいと思っています。

そのスタートがやっと切れた。そんな思いでいっぱいです。

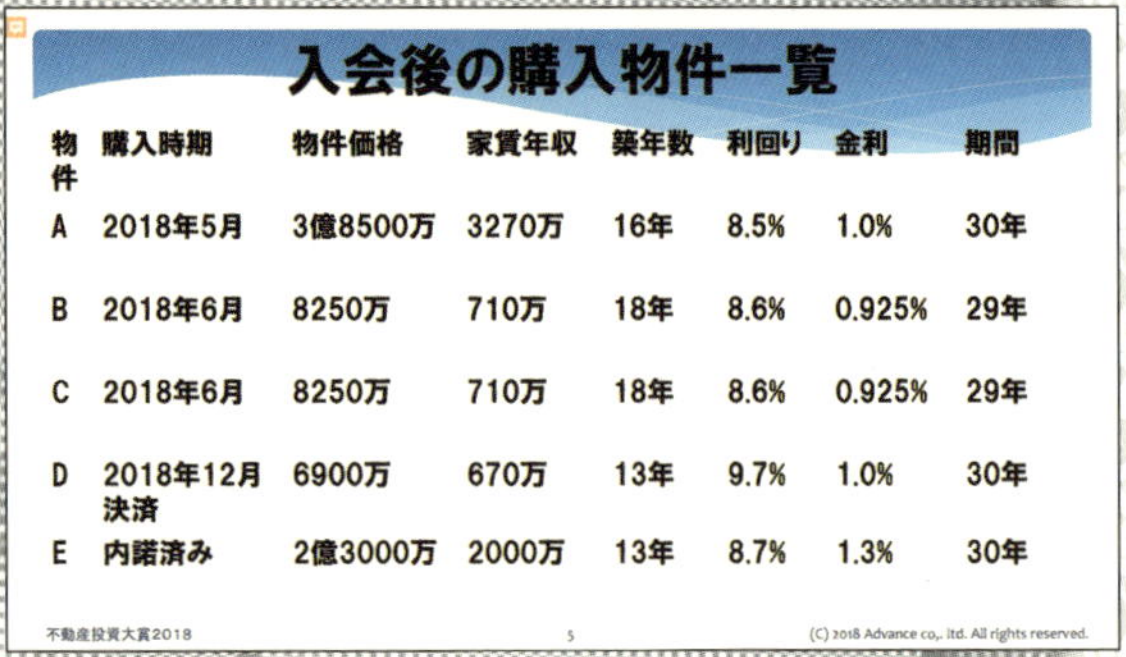

入会後の購入物件一覧

物件	購入時期	物件価格	家賃年収	築年数	利回り	金利	期間
A	2018年5月	3億8500万	3270万	16年	8.5%	1.0%	30年
B	2018年6月	8250万	710万	18年	8.6%	0.925%	29年
C	2018年6月	8250万	710万	18年	8.6%	0.925%	29年
D	2018年12月決済	6900万	670万	13年	9.7%	1.0%	30年
E	内諾済み	2億3000万	2000万	13年	8.7%	1.3%	30年

不動産投資大賞2018　5　(C) 2018 Advance co., ltd. All rights reserved.

上段のスライド図版は、『不動産投資大賞２０１８』で発表されたプレゼンテーション資料を元に作成しています。

不動産投資大賞 2018

『不動産投資大賞』プレゼンター入選

『不動産投資の劇的なビフォーアフター』／らい太さん

Profile

33歳。甲信越地方在住。勤務医。趣味・特技は海外旅行、筋トレ、ジョギング。
不動産投資歴：約９年
『不動産投資で経済的自由を手にする会』への入会：２０１７年７月
所有物件の棟数：４棟（「RC（鉄筋コンクリート）造」３棟、木造１棟）
戸数：56戸／年間家賃収入：５１８０万円／総投資額：６億３４００万円

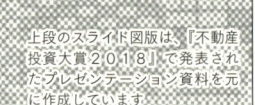

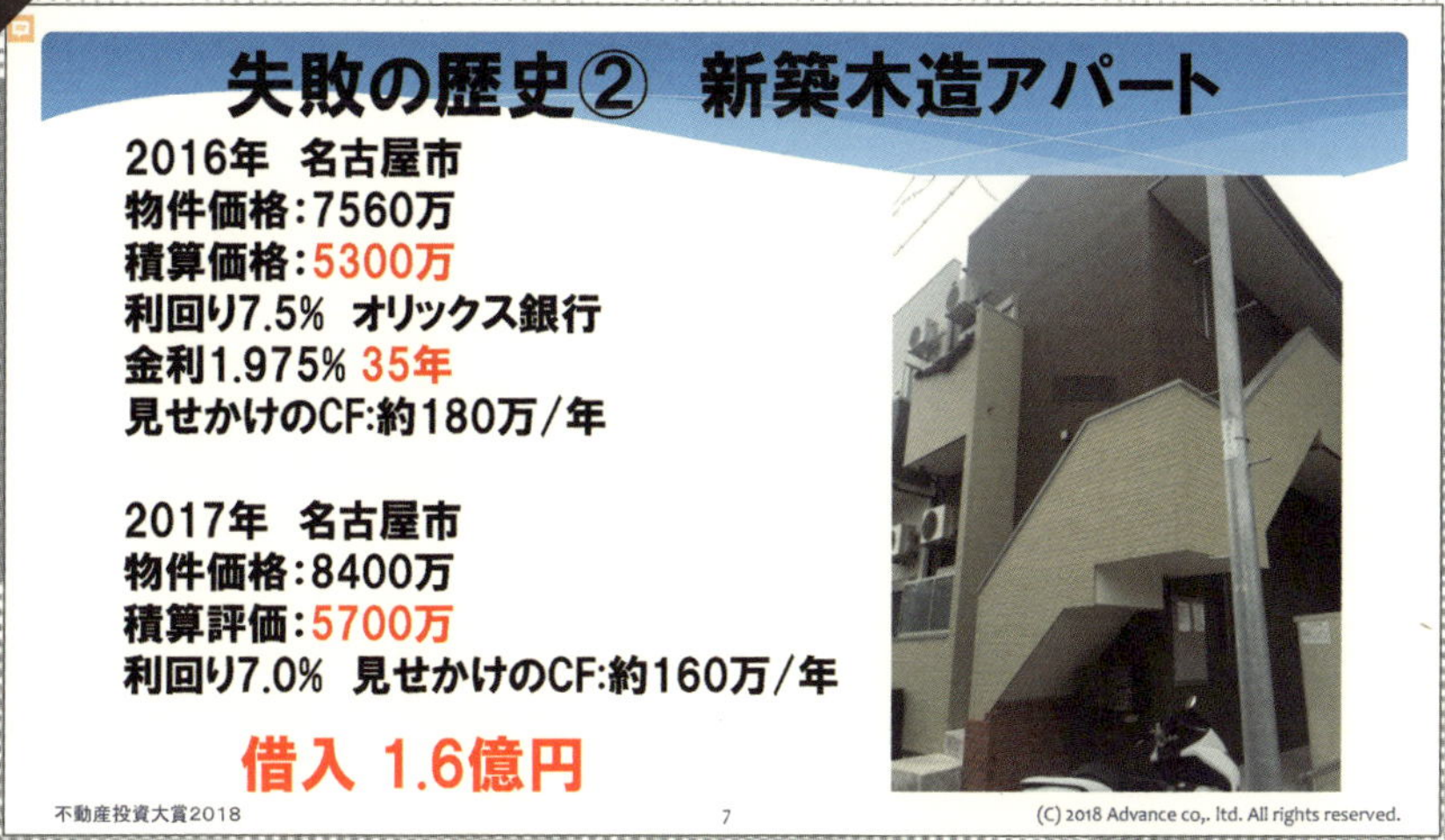
失敗の歴史② 新築木造アパート
2016年 名古屋市
物件価格：7560万
積算価格：5300万
利回り7.5% オリックス銀行
金利1.975% 35年
見せかけのCF：約180万／年
2017年 名古屋市
物件価格：8400万
積算評価：5700万
利回り7.0% 見せかけのCF：約160万／年
借入 1.6億円
不動産投資大賞2018
7
(C) 2018 Advance co,. ltd. All rights reserved.

入会前に投資失敗。入会後、マイナスから一気にブレーク！

私は現在、勤務医として働いていますが、不動産投資をはじめたきっかけは、**研修医時代**にさかのぼります。意義を感じない作業や上司のパワハラ、長時間労働で心身ともに疲弊し、追い詰められ、辞表を提出。一時、医者を諦めたのです。

紆余曲折を経て、医者として復職しますが、**職場の環境への不安は変わらず、本業以外の収入源の必要性を感じていました。**

はじめて不動産を購入したのは、2011年。『不動産投資で経済的自由を手にする会』入会前です。海外のコンドミニアム1室を購入しましたが、これが失敗。諸経費に加えて内装費も必要で、後からどんどん出費がかさみました。

物件価格は割高、想定家賃も周辺相場よりも高く、インカムゲイン（収益）、キャピタルゲイン（売却益）ともにマイナスとなり、**累計約1200万円の損失です。**

怒涛の銀行開拓（地銀8行＋都銀2行）
不動産投資大賞2018
9
(C) 2018 Advance co,. ltd. All rights reserved.

銀行	融資エリア	融資期間	価格の上限	融資割合
地銀A	県内（＋支店）	30年	上限なし	オーバー可能
地銀B	県内＋支店	30～35年	上限なし	オーバー可能
地銀C	県内のみ	30年	2億円まで	オーバー可能
地銀D	県内（＋支店）	30～35年	上限なし	フルローンまで
地銀E	収益不動産には融資しない			
地銀F	県内（＋支店）	20年以内	2億くらいまで	オーバー可能
地銀G	県内（＋支店）	30年－築年数	2億～3億	オーバー可能
地銀H	収益不動産への実績なし。マイホームならOK。			
都銀A	全国	30～35年	2～3億くらい	オーバー可能
都銀B	収益不動産への実績なし			

2棟目・3棟目
北海道
2018年6月：
物件価格：1億6500万円
積算価格：1億7400万円
2LDK 16戸（14/16戸）
築18年 利回り：8.6％
家賃年収：1420万
都銀 9割融資
金利0.925％ 29年
返済比率 41.5％
不動産投資大賞2018
12
(C) 2018 Advance co,. ltd. All rights reserved.

失敗後、不動産投資からは離れていましたが、**2016年に紹介で知り合った業者さんから、名古屋の新築木造アパートを購入。**「区分で失敗したから、次は国内の1棟物だ」と意気揚々としていました。耐用年数越えの融資や積算評価の低さになんとなく気づきながら、新築だからと購入。2棟購入したところで銀行からも業者さんからも、これ以上の融資や購入は難しいといわれ、**負債は1億6000万円**になりました。

失敗の原因は、人任せで、自分で調べることをしなかったことです。しかし、こうした失敗をなんとかしようともがき続けたことで、私は、**『不動産投資で経済的自由を手にする会』の存在を知る**ことになります。

2017年に入会後、劇的な変化が始まりました。もうやるしかないという気持ちで、アルティメットサポート会員へ参加し、銀行開拓に集中します。

各銀行へは、片道2時間ほどかかりましたが、時間を捻出して面談を繰り返すと、ほとんどの銀行から融資に対して前向きな返答を

4棟目
新潟県
2018年12月決済：
物件価格：6900万円
積算価格：7000万円
2LDK 16戸（15/16戸）
築13年 利回り：9.7%
家賃年収：670万
地銀 オーバーローン
金利1.0% 30年
返済比率 42%
不動産投資大賞2018
13
(C) 2018 Advance co., ltd. All rights reserved.
5棟目（購入予定）
群馬県
物件価格：2億3000万円
積算価格：2億3500万円
3DK＋1LDK 24戸（20/24戸）
築13年 利回り：8.7%
家賃年収：2000万
地銀、オーバーローン（内諾）
金利1.3% 30年
不動産投資大賞2018
14
(C) 2018 Advance co., ltd. All rights reserved.

もらえました。

それでも物件が買えない日々が、半年間続きました。焦りもありましたが、行動だけは続けていたおかげで、**2018年の5月に4億円で1棟目を購入。これが自信につながり、以降、1年間での購入物件は、予定も含め5棟になりました。**

入会時の私は孤独で、しかも、海外の区分所有や新築木造アパートの借入金1億6000万円があり、まるで、重い鉄球を引きずって走っているような状態でした。

単純な借入金以外にも、漠然とした不安や恐怖、世間体や常識、さらには「RC（鉄筋コンクリート）造」物件を持っていないコンプレックスなど、**すべてがマイナスに作用**していました。

しかし、1年後の今は、**『不動産投資で経済的自由を手にする会』のチームの一員**になることができました。このチームの素晴らしいところは、〝ワンベスター〟の仲間や応援・指導してくれるトレーナー陣がいることです。

不動産投資は、一人で戦わなくていい。チームとして戦うことを学んだのです。

おわりに

『不動産投資で経済的自由を手にする会』が初めて開催した、『不動産投資大賞２０１８』、いかがでしたでしょうか。

登壇した会員たち7名すべてのプレゼンテーションが終わったとき、私は思わず、「いやー、すごい……」とつぶやいていました。それぞれたった10分のプレゼンテーションなのにもかかわらず、まるで7本の映画を観たような感動を覚え、心を打たれたのです。

本書をお読みいただいた読者の皆さんも、**7名のプレゼンターが、不動産投資にどれだけ真摯に取り組んだのか、また、水面下ではどんな思考や動きをしていたのか、成功の秘訣を含めて知ることができたのではないでしょうか。**

今回の不動産投資大賞は、私、村田の趣味である**アイアンマンレース**を模して開催しました。

なぜならば、『不動産投資で経済的自由を手にする会』における不動産投資家としての成長が、アイアンマンレースと非常に似ているからです。

アイアンマンレースは、スイム3・8㎞、バイク180㎞、ラン42・195㎞をすべてクリアし、17時間以内にゴールするという過酷なレースです。

あたりまえですが、「体力がない」人はもちろん、「泳げない」「自転車に乗れない」「走れない」ではそもそもゴールに辿り着くことはできません。

不動産投資に置き換えた場合、スタート時点で「一定の資金」は必要ですし、「物件検索」、「融資」、「運営」などの知識がないと参加できません。

さらに、資金や知識が十分でも、実際の投資では、高い壁が待ち受けているのが不動産投資です。

私は、アイアンマンレースのスイムは、年間キャッシュフロー1000万円を突破する状況と酷似していると考えています。

最初の競技スイム3・8㎞は、ご存じのとおり、海を泳ぎます。海は、日々コンディションが違います。風や波の影響を受け、ジグザグに泳いでしまったりもしますし、1000人以上が一気に海へ飛び込んでいくので周りは人だらけ。思うように進むことができないなかを乗り越えていきます。

不動産投資も同じです。資金も知識も十分、トレーニングも積んだうえで、不動産投資を始めたにもかかわらず、物件獲得や融資が得られず、思うように前に進まないことは誰もが経験します。すぐに優良物件が見つかって、融資もすんなり付き、順調に賃貸経営がスタートというイメージが、なかなか達成できません。

家賃収入1億円の〝ワンベスター〟の観点から見ると、キャッシュフロー1000万円までは、想像以上の壁にぶち当たり、乗り越える局面だと思います。

そして、そこを乗り切って得られることは、不動産投資家としての〝ワンベスター〟になるという覚悟です。

続いてのバイクは、〝ワンベスター〟への道のりと酷似しています。

180㎞を制限時間内に走りきるには、エネルギー補給が必要です。

スイム3・8㎞を泳ぎきって、そのままバイクで180㎞を走ると、100㎞地点あたりで、エネルギー切れを起こしてしまいます。競技を続けるためにはエネルギーをずっと補充していく必要があるため、食べることを4種目目の競技というくらい重要なことなのです。

不動産投資でも同じです。キャッシュフロー1000万円を突破しても、〝ワンベスター〟には、かんたんには、達しません。

アイアンマンレースで100㎞地点に壁があるように、不動産投資でも年間家賃収入5000万円程度で高い壁が見えてきます。

そこから先にいこうと思ったら、**これまでとは違う戦略や知識の習得、トレーニングというエネルギー補給**をする必要があるのです。

『不動産投資で経済的自由を手にする会』では、そのエネルギー源こそが、当会の投資マニュアルであり、グループコンサルティング、トレーナー陣たちとのミーティングやセミナー、そして、この『不動産投資大賞』であると自負しています。

だからこそ、51名もの〝ワンベスター〟を輩出することができているのだと思うのです。

アイアンマンレースの最後の競技は、ラン。フルマラソンの距離42・195㎞を走ります。ランは、じつは、とても余裕があります。なぜならば、バイクでの制限時間をクリアしたら、半分くらい、ゆっくり歩いても完走できるような展開になるからです。

最後まで全力で走り抜けてもいいし、景色を見ながらゆっくり走ったり歩いてもいい。自分のペースで完走を目指す道のりは、**当会で〝ワンベスター〟を達成した不動産投資家たちが、ひと**

りも脱落せず、自分のペースで好きな人生を歩んでいることと同じではないでしょうか。

アイアンマンレースの最大のハイライトがゴールシーン。普通のレースとは桁違いの盛り上がりで、ゴールの数キロ先からでも大観衆のコールが聞こえてきます。

「You are an Ironman! You are an Ironman!! …」

もちろんレースなので順位はありますが、**ゴールしたら全員がWinner（勝利者）**と讃えられます。

「You are an Ironman!」と賞賛されながらのゴールは、涙が出るぐらい感動します。

そしてまた、次のレースに参加しようと思うのです。それは、不動産投資家として、さらなる成長を重ねていく後押しになってくれることに通じます。

また、家族と一緒に同伴ゴールもあります。家族と一緒に不動産投資で成功し、人生を共に歩んでいこうという人もいるでしょう。

『不動産投資で経済的自由を手にする会』では、〝ワンベスター〟達成したかたには、「You are an onevestar!」と全員で賞賛をして感動を共有したいとつねに思っています。

今回の「不動産投資大賞」はこのような素敵な空間を皆さんと一緒に作り上げたいという『不

動産投資で経済的自由を手にする会』の思いの結晶です。

不動産投資は、年間家賃収入で億を手に入れることができるほど、結果は派手ですが、そこに至るまでの実際の行動は地味な活動の積み重ねです。

本書のプレゼンターのように、日々、不動産投資家としての実践を継続することで、〝ワンベスター〟への道を歩んでいただけましたら幸いです。

2019年9月

『不動産投資で経済的自由を手にする会』

代表 **村田幸紀**

『不動産投資で経済的自由を手にする会』のトレーナー陣

ヘッドトレーナー　才津 康隆（さいつ・やすたか）

家賃収入4億円超を誇るヘッドトレーナー。長崎県五島市在住。1976年長崎県生まれ。大学卒業後、公務員として市役所に勤務。2009年に不動産投資を開始し、2年4カ月で合計8棟、家賃収入１億突破を達成。2012年に不動産投資家として独立する。不動産投資を「事業」としてとらえ、関係者と友好的な人脈を築きながら規模を拡大する戦略は、トレーナー陣でも秀逸。所有物件は、20棟、624戸。年間家賃収入は、４億2000万円超（満室時）。

チーフトレーナー　法身 栄治（ほっしん・えいじ）

家賃収入2億円超の“ワンベスター”。愛知県在住。1974年山形県生まれ。慶応義塾大学卒。2007年、損害保険会社のサラリーマンをしながら不動産投資を開始。直後に全空室の憂き目にあうが、持ち前の行動力で、わずか３カ月で入居率を急速に回復させ、破綻を回避。2010年に独立する。保険関係、融資付けが得意分野。親しみやすい性格で、会員からの信頼が厚い。所有物件は、11棟222室。年間家賃収入は、１億8500万円超（満室時）。

トレーナー　青木 宏之（あおき・ひろゆき）

家賃収入１億円超の“ワンベスター”。東京都在住。1966年東京都生まれ。2012年に不動産投資を開始。元高属性サラリーマンで、結果をいち早く出すOJT（On-The-Job Training＝実務によって知識やスキルなどを指導すること）サポートに定評がある。物件検索技術は会でもトップクラス。競争が激しい関東圏で、キャッシュフロー1000万円超えをするときの最高の手本。所有物件は、10棟、168戸。年間家賃収入は、1億2000万円超（満室時）。

トレーナー　宮川 泰（みやがわ・やすし）

家賃収入１億円超の“ワンベスター”。愛知県在住。1975年三重県生まれ。金融業→自衛隊→居酒屋・マッサージ店経営→不動産投資家という異色の経歴の持ち主。自衛隊時代に株式投資で作った資金で不動産投資を開始。2010年に当会に入会するも決算書が悪く、退会をすすめられた経験を持つ。2014年に不動産投資の専業に。オールラウンダーで再生物件や商業ビルも得意。所有物件は、7棟、115戸。年間家賃収入は、1億500万円超（満室時）。

当日、会員発信のサプライズ賞！

モースト・インプレッシブ・トレーナー賞を受賞して涙する、宮川トレーナー

トレーナー　佐藤 彰洋（さとう・あきひろ）

家賃収入２億円超の“ワンベスター”。東京都在住。1979年東京都生まれ。上場企業勤務後、ＰＲ関連会社設立という経歴を持つ。2006年、区分所有での不動産投資デビューが失敗。2013年に入会し、一棟物「ＲＣ(鉄筋コンクリート)造」にシフト。1年6カ月で8棟を購入。北海道、関東、北信越、東海、中国、四国と全国の都市銀行、地方銀行を攻略。取引は24行を超える。所有物件は、19棟、324戸。年間家賃収入は、2億757万円超（満室時）。

トレーナー　篠田 正博（しのだ・まさひろ）

家賃収入1億円超の“ワンベスター”。埼玉県在住。1982年埼玉県生まれ。元医療系技術職のサラリーマン。2010年からテナント物件の不動産投資を開始。我流で進めた結果、全空室物件を買うハメになり失敗。不動産投資家としてどん底も味わっている。激戦の北関東で地方銀行をメインに狙ってオーバーローンを引く戦略家。家族の協力を得ながら進めていく手法は群を抜く。所有物件は、15棟、224戸。家賃収入は、1億6000万円超（満室時）。

パートナー　（はたなか・かずまさ）

家賃収入1億円超の“ワンベスター”。東京都在住。1976 年東京都生まれ。公認会計士としての顔も持つ。実家が大家で、祖母から母への物件相続時に連帯保証人になるが、1棟ではキャッシュが回らなくなる可能性を感じ、不動産投資による事業拡大を選択。「中小企業オーナー、医師、会計士・税理士・司法書士などの士業は、不労所得で経済的自由になるべき」が信条。所有物件は、10 棟、175戸。年間家賃収入は、 1 億3000万円超（満室時）。

アシスタントトレーナー　相沢 トオル（あいざわ・とおる）

家賃収入１億円超の“ワンベスター”。東京都在住。1965年東京都生まれ。現役の勤務医。2008年、43歳で不動産投資を開始。勤務医として働きながら、マイペースに投資をおこなっている。利他精神に長けた穏やかな性格に加えて、重厚な存在感も兼ね備えた対応は、すこぶる評判。とくに40代から50代の医師にとっては、不動産投資の経緯、方法論が、よき指針になるはず。所有物件は、9棟、162戸。年間家賃収入は、1億5835万円超（満室時）。

『不動産投資で経済的自由を手にする会』

ホームページ　https://www.keizaitekijiyu.jp/
お問い合わせ先　info@keizaitekijiyu.jp

『不動産投資で経済的自由を手にする会』のサポート体制

最短で不動産投資の知識を身につけ、不動産投資によって、経済的自由を手にするための支援を目的とし、おもに**「会員限定不動産投資マニュアル」**、**「メール相談」**、**「購入対象物件相談」**、**「電話相談」**、**「少人数制グループセミナー」**などを活用。担当トレーナーは、各自が受け持つ少人数の会員をていねいにサポートする体制である。

代表の村田幸紀氏をはじめ、トレーナー陣全員が、**家賃収入１億超の不動産投資家**という会は、業界を見渡しても『不動産投資で経済的自由を手にする会』だけといってもよい。トレーナー陣は、いままでつちかってきた経験、ネットワークをもって、自立したプロの不動産投資家になれるよう、日々サポートしている。

著者略歴

『不動産投資で経済的自由を手にする会』代表

村田《むらた》 幸紀《こうき》

株式会社ＡＤＶＡＮＣＥ　代表取締役

三重県出身。1970年生まれ。

トヨタ系部品メーカーに勤めながら2004年から、「経済的自由を手にすること」を夢見て、不動産投資を開始。しかし物件購入後、入居者が全員退去するなどして破綻の危機に瀕し、甘い世界ではないことを、身をもって知る。その苦い経験をいかし、2006年に一見ハイリスクだが、じつは安全な大型ＲＣ（鉄筋コンクリート）造物件へ、投資方法を方針転換。

融資を受ける術を突き詰め、物件価格の全額を銀行融資でまかなったうえ、潤沢なキャッシュを生み出す物件を見極めて、複数棟を取得する方法を確立。

その後、11か月で総資産４億9000万円の収益不動産を購入。年間家賃収入6200万円を達成するなどし、不動産投資コンサルタントとして独立。

2008年『不動産投資で経済的自由を手にする会』を主宰する。過去の融資付け実績は、200億円以上。物件購入に成功したクライアント数は数百名。全会員が取得する物件数は、約２万戸に上る。

自身としては、2019年８月現在、20棟573戸を所有。

総資産は、現在の不動産価値で約40億円、年間家賃収入は、満室時４億円超、銀行への返済は、年間１億6000万円未満。返済比率は39％である。

趣味はトライアスロン。

家賃収入１億円になるノウハウ満載!!
村田式ロケット戦略　最強！「事例集」

発行日	2019年9月21日　初刷
著　者	村田幸紀
装　丁	ユニオンワークス
編集人	宮﨑　博
発行者	谷　正風
発行所	株式会社風文堂出版 〒901-1103 沖縄県島尻郡南風町与那覇113-1 Tel : 098-944-1251 HP : http://fubundo.com/
発売元	株式会社YUKAZE 〒901-1302 沖縄県島尻郡与那原町上与那原39番地の1 Tel: 098-960-6360 HP: http://yukaze.co.jp
印刷・製本	株式会社サンニチ印刷

ISBN978-4-908552-30-4